暮らしが広がるガーデンデザイン
オーガニック植木屋の庭づくり

ひきちガーデンサービス
曳地トシ＋曳地義治

築地書館

はじめに

庭に出てみよう！

庭はもっとも暮らしに近い身近な自然。しかし、その庭が、多くの家庭で「お荷物」になっているのを、私たちは目の当たりにしてきた。親の代からの和風の庭、イングリッシュガーデンがはやったときに力を入れてつくった庭、そもそもスペースをつくったはいいけれど何をしていいか皆目見当つかず、放置されたままになっている庭……。それらは、雑草だらけになっていたり、不用品置き場になっていたりと悲惨な状況だった。

日本の国土は狭い。そんな狭い日本にあって、庭のスペースがあるということは、とてもラッキーなことだと思う。せっかくだったらそんなスペースを多くの人に楽しんでもらいたい。そのためには、何が必要かと考えてみたら、「使いやすい」ということだった。水場が地面の蓋を開け閉めして使う散水栓しかなく、バックヤード（裏庭）もない日本では、肥料や用土がビニール袋に入ったまま、庭の隅に積み上げられる。使わない植木鉢も野ざらしのままだ。花壇はしゃがまないと手入れもできず、足腰が弱ってくると、とたんにガーデニングが苦行になる。

そのような悩みを解決し、家の中とは違う開放されたスペースとして、庭を存分に楽しんでもらいたい。本書ではそんな庭のつくり方、使い方を実例とともに紹介する。

もうひとつ、数々の大震災や毎年のように発生する類例のない災害を経て、私たちは暮らしの中に、「いざというときに備える」という意識をもたなければならなくなった。庭づくりを生業とする私たちへの依頼も「雨水タンクを設置しておきたい」「菜園をつくってほしい」などというものが増えてきた。いざとなったら、自分が頼るべきところは、自給や循環、自然の恵みかもしれない……と、気づき始めた人が多かったのではないだろうか。

一方で、それら「人の役に立つ」ことだけが庭の意味ではない。庭は地球の一部なのである。この地球上に最初の生命が誕生して以来、約40億年の時間をかけて、生命は分化し、進化を重ね、多様な生命圏と自然環境を形づくってきた。その最初の生命が誕生した奇跡を、この地球上のすべての生命が分かち合っている。庭の植物や虫や小鳥、そして人間もひとつの同じ祖先からその命を引き継いでいるのだ。多様な生命はともに進化してきた。植物の葉と人間の肺はともに進化してきたことにより二酸化炭素と酸素をやりとりすることができる。道端の雑草でさえ、その小さな葉で私たちのために酸素をつくり出してくれている。

多様な生命と環境が有機的につながることで生態系は形づくられている。庭でも有機的なつながりを大切にすること、そして有機的なつながりを断ち切るようなものを持ち込まないこと、それがオーガニック・ガーデンの基本的な条件になる。

ここで私たちが言うオーガニックとは、「無農薬・無化学肥料」「有機栽培」という意味だけでなく、「有機的なつながり」という意味も含んでいる。

日ごろから使いやすい庭で地域の生態系を守るとともに、自然の力を活かし、誰もが安心・安全で、いざというときには人々の命をつないでいける——そんな地球環境の視点に立ったオーガ

ニックな庭のデザインを提案したいという思いで、私たちは庭づくりをしている。

地球は長い時間をかけて、多様な生命が棲めるような環境になってきた。青い地球だから生物が育まれたのではなく、生物の活動があったからこそ地球は青いのだ。つまり、みんなが嫌がる雑草や菌や虫たちは、青い地球をつくってくれた一員なのだ。

地球は人間だけの「モノ」ではない。もっと地球の声を聞きながら、地球に負荷がかからない暮らし方をつくっていきたいし、そういう気持ちになれば、地球はたくさんの恵みを私たちに与えてくれるはずだ。

そう考えるとき、庭は自然の奇跡の詰まった一番身近な場所。そんな多様性のある使いやすい庭や公園が、この地球上にたくさん増えれば、人々の心身の癒しとなり、気候の調整や生態系の保全にもなり、災害時の備えとなり、地域の景観も保たれ、それは地球全体の環境をも守ることにつながるのだ。

本書は時として、一見、庭の話から逸れているように見えるところもあるかもしれない。だがそれは、私たちが単に無農薬、無化学肥料のオーガニックを提唱しているのではなく、「生き方としてのオーガニック」を創造していきたいと心から思っているからだ。そこをご理解いただければと思う。

目次

はじめに　庭に出てみよう！　2

庭でのオーガニックとは……10
多様であること　10
循環すること　12
地域特性があること　14

庭に求めるのはどんなこと？……16
庭づくりの前に　16
オーガニック　18
サステナブル　19
サバイバル　19
ユニバーサルデザイン　20
つながり　20

オーガニック植木屋の庭　暮らしを楽しむ……22
我が家の庭　22
生きることを庭から考える　24

中間領域　家と庭をつなぐ……26
縁側とウッドデッキ　26
土間、サンルーム、風除室　29

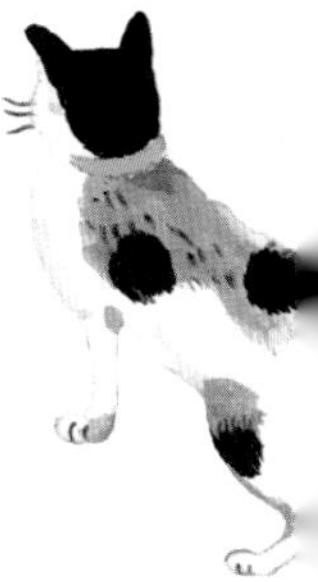

園路とアプローチ　動線を意識する……32
素材　32　土の園路　34　実用性を考える　35
植栽　見栄えと管理をバランスよく……36
維持管理のコツ　37　樹種と場所の選び方　38　花壇　39
フェンス類　どのくらい遮るか……42
素材選び　42　生け垣とウッドフェンス　43
竹垣　44　目的で構造を選ぶ　46
収納　仕舞う場所から楽しむ場所へ……50
何を収納するか？　50　収納をフォーカルポイントに　51
広さと用途のグレードアップ　52
土について……54
土中のネットワーク　55　劣化する土　55　団粒構造の土　56
土の改善法・竹筒埋め込み法　57　化学肥料と有機肥料　59
肥料と堆肥との違い　61　有機質の堆肥なら安全か？　62

生き物の来る庭……64
鳥 64　虫 66　生き物を招く 69　ペット 70
循環する庭……72
落ち葉 72　生ごみコンポスト 74　雨水タンク 80
バイオネスト 80　トイレ 81　菌類 83
自然エネルギー 地球の力を借りる……84
ソーラーパネル 85　太陽温水器 86　蓄熱タイルとサンルーム 86
薪 87　ソーラークッカー 88　風力発電 88
日除けと風除け 90　水力発電 92
火を楽しむ庭……94
火を燃やす場所 94　薪 95　着火道具 96　物を燃やす注意点 97
水を楽しむ庭……98
水道 98　雨水タンク 100　あると楽しい設備 102
グリーンインフラと雨庭 105

日々の手入れと移り変わり　庭を長く楽しむために……106
雑草対策　107　樹木の剪定　109　リフォーム　110
スモールガーデン・ベランダ……114
狭い庭　114　ベランダ　116
いのちのめぐる庭　庭から地域を元気に……118
空き地や公園　118　コミュニティ・ガーデン　120
果樹やハーブ・草花との上手なつきあい　120
地域通貨　121　里山　123
文明のリスク　なぜ庭をつくるのにオーガニックが大切なのか……126
有機という言葉　127　予防原則という考え方　127
放射性物質の問題　129　ほんとうに汚いもの　130
新しい庭の文化　130

COLUMN

庭を自分の居場所にする　15
クラインガルテン　25
ナチュラルステップ　30
「グリーンゲリラ」と「ゲリラガーデニング」　49
ボスニア・ヘルツェゴビナのコミュニティ・ガーデン　93
オーガニックなお金　113
パーマカルチャーとトランジション・タウン　132

参考文献　133
写真をお借りしたみなさま　136
おわりに　137
索引　145

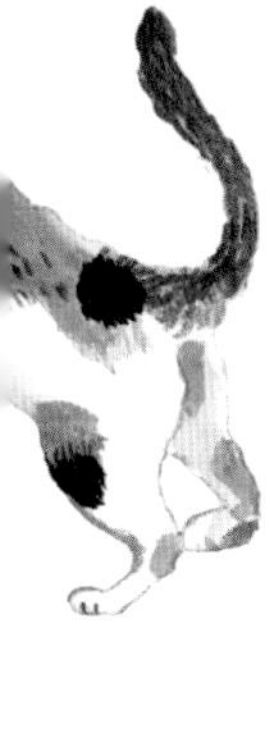

庭でのオーガニックとは

庭でのオーガニックとは何か、私たちなりに3つの定義を考えてみた。これをもって、有機的なつながりから持続可能な社会を創造していきたい。

その3つとは、①多様であること、②循環すること、③地域特性があること。現代では、オーガニックをはじめ、エコ、地球に優しい、ロハスなどの言葉が安易に使われているが、ほんとうに地球に負荷をかけていないのか、はなはだ疑問に感じることがある。そのときの判断基準のひとつになればいいと思う。

多様であること

環境活動家でディープエコロジー（人間中心ではなく、全生命に固有の価値があると考える思想）の研究者であるジョアンナ・メイシーは「ひとつひとつの生命は、複雑な相互関係の結節点。偶然と必然が織りなす複雑な関係を意味している」と語っている。まさに自然界は、網の目のような複雑なつながりをもっていて、単なる「弱肉強食」などではない。むしろ、生態系ピラミッドの頂点にいる生き物は、たくさんの下位の生き物たちによって支えられている。ピラミッドの下層の生き物がダメージを受けたとき、真っ先に絶滅の危機を迎えるものは頂点にいる生き物なのだ。さらに、生き物たちは食う食われるだけの関係ではなく、木の洞《うろ》がいろいろな生き物の巣になったり、実を食べた鳥がタネを遠くへ運んだり、蜜を吸うハチが花粉を運び受粉を助けたりなど、多様で

虫やカエルの住処・インセクトホテルがあることで、周囲の生態系はもっと豊かになる

あることでこの地球は成り立っているのだ。

多様性とは、生物と人間、人間と人間、生物と生物の関係が有機的であることはもちろん、それらすべてと社会の関わりも有機的でなくてはならない。つまり、有機的とは1対1の関係ではなく、複数のものや事柄が多層的に折り重なってできる関係のことである。しかし、複雑ならよいということではなく、複雑ながらも相対的にはそれぞれが生かし合う関係である。つまり、「いのちのめぐる関係」とも言える。

農薬や化学肥料を使わないということがオーガニックなのではなく、オーガニックの第一歩として農薬や化学肥料を使わないということが大切なのだ。

多様に対し、モノカルチャーは単一のものだけで、経済効率を優先した状態である。よく見かける一面シバザクラの公園や、産地化した単一品種栽培の農産物などはモノカルチャーにあたり、病虫害が発生した場合、壊滅状態になりやすいため、多量の農薬や化学肥料が必要になる。有機的な多品種の栽培であれば、病虫害の大量発生や天候不順でのリスクを分散することができる。目先の生産性は低くなるのかもしれないが、将来にわたる農薬による環境汚染や土壌の悪化、健康被害の対策にかかる個人的・社会的コストが増大することを考えれば、有機的で多様であることが望ましい。まして、一度失われた環境や健康はお金では取り戻せないのだから。

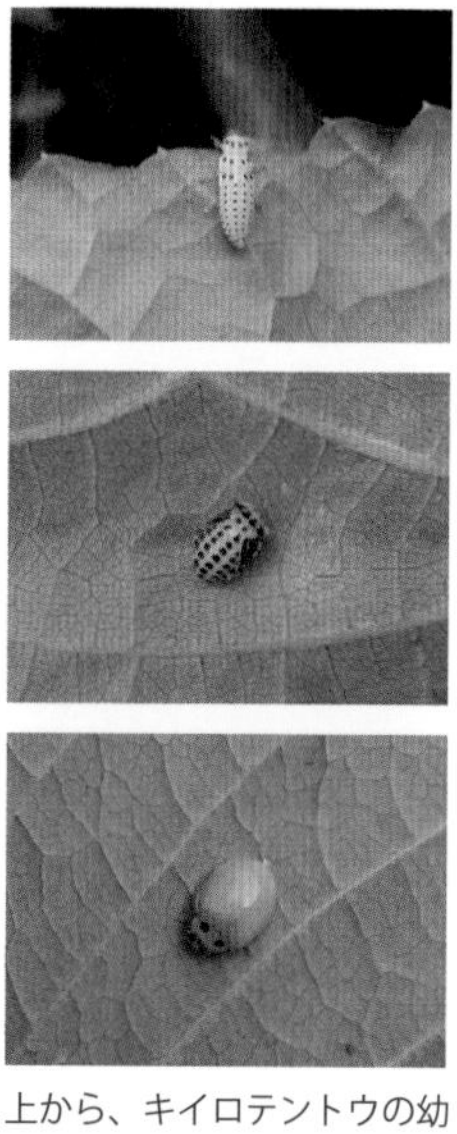

上から、キイロテントウの幼虫・さなぎ・成虫。庭ではウドンコ病菌を食べてくれる

循環すること

生命活動とは循環すること。一個体の内部での体液等の循環があり、呼吸や栄養の摂取や排泄《はいせつ》は外部との循環である。そしてその生息環境では雲や雨や川、海流としての水の循環、風や気流による大気の循環、風化や浸食、堆積や隆起という長い時間をかけた大地の循環がある。この循環の中に命があり生態系がある。

花壇に生えた雑草も、生態系の大事な一種であり、うまく生かすとナチュラルな庭になる

生態系は生命活動による物質の変容と循環と言うことができる。死の定義を「活動の停止」とするならば、生態系に活動の停止はない。一個体の死はその個体の生命活動の停止だが、その個体を構成する物質の変容と循環は、途切れることなくほかの生命活動に受け継がれる。

この循環が阻害されれば、有機的なつながりが壊される。分解せずに、土に還ることのない化学物質や放射性物質はそれを引き起こす。

化学物質である殺虫剤、殺菌剤、除草剤等の農薬の目的（機能）は生命活動を阻止すること。安全基準に従って散布されても、農薬の機能に変わりはない。日本での農薬出荷量は、以前より減っているが、ここ数年は毎年、約18万トン（2022年、農薬工業会資料より）である。これだけの農薬が毎年、環境中に拡散されていることになる。

山林や農地、市街地等で散布された農薬は、生態系に大きなダメージを与えつつ、揮発によって大気に拡散したり、雨によって地下水に浸透したり、河川を汚染しながら河口に沈殿して、湖や海に流れ出る。汚染されたプランクトンを食べた回遊魚や海流によって海洋に拡散されていく。化学物質や放射性物質はそのまま薄まって終わりということにはならない。食物連鎖による生体濃縮を経て海産物や肥料という形で、私たちの生活圏に戻り、私たちの健康を損なう。農薬などの化学物質が、新生児や南極のペンギンから検出されていると報告されている。

生態系に一旦、化学物質や放射性物質が入り込むと、将来にわたって生態系を蝕んでいくのである。

地域特性があること

日本の場合、すべてを在来種でまかなうといっても、歴史的にかなりのものが外国から入ってきているのでなかなか難しいが、それでも長い時間をかけて日本に馴染んで安定してきたものを使うことが大事である。近年、園芸店では、見たこともない花などが次々と売られているが、ひとたび野生化したときに、「侵略的な外来種」として在来の生態系を脅かす存在にならないか常にチェックする必要がある。

現に、オオキンケイギクやオオハンゴウソウなどは、

緊急対策外来種のオオキンケイギク（左）とオオハンゴンソウ（右、撮影：泉健司）

環境省の「生態系被害防止外来種リスト」で緊急対策外来種に指定されている。

　また、F1種、遺伝子組み換え、ゲノム編集など、新しいテクノロジーが次々と生まれているが、何の手も打たなければ、結果的には在来種や固定種が、その地域から排除されることになる。

　しかしながら、オーガニックで気をつけたいのは、在来種や固定種を守るということから純粋種・純血種にこだわり、排外主義、そしてファシズムや全体主義に陥りやすいということだ。事実、ドイツにおける優生思想やナチス政権を最初に支持したのも、有機農業や環境保護を謳《うた》うエコロジストたちであった。そのことを私たちは忘れてはならないと思う。

COLUMN 庭を自分の居場所にする 01

何か大がかりなリフォームをするのでもなく、庭にただひとつ、椅子を置いてみるのはどうだろうか。

　以前、園芸療法の研修でカナダの高齢者施設へ行ったとき、植物に囲まれ奥まった場所のあちこちに座り心地のよさそうな椅子が置いてあることに気づいた。みんなで集まれるような中央広場もあるのに、なぜ?と思い聞いてみたところ、一人静かに過ごしたいこともあるので、椅子を置くのですよ、と言われた。

　なるほど、人といるのは楽しいことだけれど、たまには一人の時間に身をゆだねたいと思うのも、また人間。庭は、鳥の声や風のそよぎを感じられ、自分を解放できる場所でもあるのだ。

　そういう場所で、先の不安や心配を忘れ、しばし自分の時間を生きてみる。そこから庭とのつながり、生き物たちとのつながりが感じられるかもしれない。

庭に求めるのはどんなこと？

使いやすく、いざというときに頼れて、地球に寄り添える庭をつくるには何が大切だろうか。私たちは、次の6つの項目を軸にしている。

庭づくりの前に

まず、庭づくりで考えなければならないのは「時間」について。日常の暮らしの中で自分がどれだけ庭に関われるのか、何ができるのか、何をしたいのか。定年を迎えて毎日庭に出られるのと、夫婦ともに仕事をもち、小さな子どもがいるのとでは、同じ園芸好きだったとしても、庭にかけられる時間も、庭のもつ意味も違ってくる。

ガーデニングの本に出てくる美しい庭は、たいがい、プロかプロ並みのガーデニング好きが管理している庭だ。もし時間も技術もないのにそんなイメージや雰囲気で庭をつくると、自分の手に負えなくなってしまう。それどころか庭が大きな負担になってしまうかもしれない。

実際に庭にどれだけの時間が割けるかというのは、自分の中での優先順位の問題だ。庭仕事が一番に来るのか？　ほかに優先順位の高いものがあって、二番目か三番目に、庭に関心があるのか？　そのようなことを押さえたうえで、庭にかけられる時間を考えてみよう。時間がかけられないのであれば、大きな花壇は負担になるだろう。だとすれば花壇を小さくするか、花壇の中は常緑のものや多年草を主にして、季節の一年草は少なめにする。芝庭も憧れるが、覚悟がいる。きれいに維持

どんな庭にしたいかの前に、庭にかけられる手間と時間を考えてみよう。レイズドベッドなどで範囲を限定した花壇をつくれば、見た目も華やかで管理しやすい

するには、シーズン中、定期的な除草と芝刈りが必要だ。そこまで手をかけられないなら、雑草をグラウンドカバーにする方法もある（106ページ「日々の手入れと移り変わり」）。ただこれも放任していいわけではなく、シーズン中、何回かの刈り込みを草丈5㎝ぐらいですること。ウッドデッキやウッドフェンスを組み合わせて、植栽部分を少なめにするとか、いろいろな工夫をするとなお扱いやすい。

オーガニック

家族が庭を、安心・安全に楽しめるようにしたいと考えたら、オーガニックであることは、まず外せない。庭で殺虫剤などの農薬を使うと、生態系へのダメージだけではなく、人体への影響も出てくる。

化学合成農薬は、その毒性により神経作用、アレルギー悪化などを引き起こすだけでなく、化学物質過敏症を発症させる。現在、化学物質過敏症患者は100万人以上いると言われ、芳香剤や洗濯物の洗剤や柔軟剤の強いにおいに苦しさを感じる人まで含めるとその数はさらに

保育園の庭。シンボルツリーを中心に、土に触れられるエリアを2カ所設けた

増える。もちろん、今は何ともなくても、化学物質にさらされ続けるといつ発症するかわからない。

子どもから大人、お年寄り、飼っている動物まで、すべての人や生き物が関わりをもつことができる庭を目指すなら、当然オーガニックということになる。

サステナブル

サステナブルとは、「持続可能」と日本では訳されている。庭で言えば、できるだけその庭やその地域で循環させることだろう。

それは、落ち葉や生ごみから堆肥をつくったり、雨水を水やりに使ったり、庭の照明などの電源を太陽光や風力でまかなったりすることでかなえられる。そして、余計なものを持ち込まない。石油製品や、化学処理された木材や塗料などはできるだけ使わないようにすること。

循環する庭はすなわち、いざというときの備えのある庭でもある。水、薪、太陽光や風力による発電、ソーラークッカー、菜園、コンポストなど、全部でなくともできるところから備えておくだけで心強い。

庭で出た落ち葉を堆肥にして庭に戻す、落ち葉コンポスト。詳しいつくり方は72ページを参照

サバイバル

オール電化ではない家庭でも、今の家電や設備はほとんどが電気を必要としている。風呂釜やガスストーブでも、である。しかし2011年の東日本大震災のように、電力需要の逼迫で計画停電がしばしば起こる。

そんなとき、できるだけ電気に頼らない暮らし方に慣れていたほうが、ダメージが少ない。庭で薪や炭、キャンプ用コンロで料理をしたり、太陽光の熱を直接利用して湯を沸かしたりが日常的にできる庭を、「サバイバル・ガーデン」と呼んで楽しんでしまおう。

ユニバーサルデザイン

ユニバーサルデザインとは、年齢や能力、性差、国籍、風習も含めて、すべての人が使いやすいように工夫された用具や構造物・システムのこと。たとえば、障がいのある人や高齢者などに、体が不自由だという理由で庭をあきらめてほしくない。庭に限らず、使いやすいことは大切なことだ。それに使いやすく安全であることで、誰もが使える、また使いたくなる庭になる。さらに、使い方をあまり限定しないことで、想像力をふくらませることもできる。

家庭においても、子どもはどんどん成長するし、大人は年を取っていく。必然的に、庭も時間の経過とともに使われ方が変わっていく。訪ねてきた友人や近所の人、親戚などにも、ユニバーサルデザインを考慮した庭であればより安心してくつろいでもらえるだろう。

昨今では、高齢者や幼児の家庭内での事故も増えている。庭だけではなく暮らし全体でユニバーサルデザインを取り入れていくことで、より安全な日常になっていく。

葉を食い進む甲虫（左）とオトシブミの揺籃（右）。一つの木に２種の虫が暮らしている

つながり

①自然とのつながり

日本では、庭は自然を模してつくられてきた。自然というと、森やせせらぎや風の音などを思い描きたくなるが、自然の中には、鳥やチョウ、ヘビやカエル、葉っぱを食べるイモムシ、土の中の微生物なども含まれる。そう考えると、庭を一匹の虫もいなくすることのほうが不

自然なことだ。

「虫がいてもいい」と思えること。それがほんとうの意味での自然とつながる庭ではないだろうか。

②人と人とのつながり

たとえば、地域にひとつコミュニティ・ガーデンがあることで、いろいろな世代の人たちが集うことができる。

仲間と集まってインセクトホテルづくり

そしていろいろな人が集まるからこそ、オーガニックで管理することは重要になってくる。アレルギーや化学物質過敏症の症状がある人も安心して参加できる必要があるからだ。

ただし、自然界にあるものがすべて安全とは限らない。毒のある生物や植物もあり、当然リスクがある。そういうことに対する知識や経験、つきあい方を学んでいくことも大事だ。地域が主体となって、そのような自然を安全に楽しむ講座やワークショップ、イベントなどを企画すれば、地域の活性化にもつながる。

コミュニティ・ガーデンは、なかなか土に触れることのできない都市部の集合住宅に住まう人たちはもちろんのこと、庭のある家の多い地域においても、みんなで作業する楽しさや達成感、地域の美化、情報交換など、果たす役割は大きい。イギリスの環境NGOの人が来日した際に話を聞いたことがあるが、地域によく整備された公園があったり、住宅街の緑化がなされていたりすると、その地域の資産価値も高くなるそうだ。何よりも、緑があることは気持ちがいい。

オーガニック植木屋の庭

暮らしを楽しむ

紺屋の白袴で、かくいう私たちも、そこまで自宅の庭には手をかけられない。だが、いろいろな工夫をして、見苦しくない程度には手入れをしている。

我が家の庭

まずは、花壇はレイズドベッドなどで面積を限定的にしていること（17ページ写真）。地植えの場所も最小にして、花の時期が長いものを植えていること。そして、多くの草花は宿根草だ。また、花壇は花だけにしないで、常緑や落葉の低木を植えて、季節の草花（一年草）を植える面積を少なくしている。だから、一年草を植えるのは、年に2回だけで、それぞれ10ポットほど。それでも、忙しい生活の中で、花は生活に彩りを与えてくれる。

また、いろいろな庭を剪定《せんてい》しに行くたびに、庭でできたユズや柿をお土産にもらい、剪定した月桂樹の葉は料理に、ミモザやユーカリ類はリースやスワッグにしている。こんなとき、庭があると楽しいなと心から思う。

さらに、生ごみや落ち葉のコンポストボックスから堆肥をつくり、自宅の庭にはもちろんのこと、仕事の植栽

庭の一角にひと息つける場所があると、庭の見え方もまた違ってくる

や植え替えのときにも利用している。

水やりは雨水タンクから。夜はソーラーパネルで蓄電した電気で庭に灯りをともす。

鳥の繁殖期には、木にかけた巣箱でシジュウカラのヒナが育つ様子を鳴き声で感じ、巣立つ姿に何度も立ち会わせてもらった。冬の餌台では、鳥たちの力関係を観察し、乱暴なヒヨドリに蹴散らされるメジロやシジュウカラたちを気の毒に思い、落葉したマユミにぬいぐるみのようなエナガが来たと言っては、ワクワクしている。

そして、庭につくった3畳ほどの小屋で、瞑想したり、お茶を飲んだり。

虫好きの私たちは、チョウやクモの観察も楽しんでいる。オーガニックであれば、みんなが思っている以上に庭は生き物の宝庫になるので、子どもたちの夏休みの宿題に、自宅の庭で見つけた昆虫だけの標本をつくってもおもしろいと思う。

私たちが何よりも楽しみにしているのが、野草を使った化粧品づくり。化粧水はドクダミの白い花の部分だけを摘んで、アルコールに漬けて原液をつくり、精製水で

庭で採れたハーブをブレンドしてつくるハーブボールの入浴剤

ユーカリのスワッグ

薄めて使う。クリームも買ったことがなく、ヨモギからオイルをつくり、顔に塗っている。ヨモギオイルは、けがにもよいので、切らしたことがない。ビワの葉のエキスもよくつくるもののひとつだ。打撲やかぶれのときなどは、じつに重宝する。

また、ヨモギ、ビワ、ドクダミなどはお茶になるだけでなく、セイタカアワダチソウなどとブレンドして、入浴剤をつくってはお風呂タイムを楽しんでいる。

生きることを庭から考える

犬と暮らしている人からは、庭を愛犬と楽しめるドッグランにしたいという依頼もある。そして、マンションに住む人でも、ベランダやルーフトップなどの小さな空間でも庭づくりは可能だ。庭からきれいな夕焼けを見ると、生きていてよかった！といつも感動する。

毎日の暮らしをていねいに生きていると、自分がほんとうに大切にしているものが見えてくる。生きるとは、名を成すことでも立派な肩書きをもらうことでもない。とにかく、毎日を何があっても生きていくこと。その積み重ねが人生をつくっていく。そういうことを、私たちは雑草や虫から教わった。雑草も虫も、ただ自分の生態に従って、ひたすら生きているし、あきらめることなどしないのだから。

庭の楽しいところをあげたらきりがない。さあ、今日も空を見上げて深呼吸してみよう！

雑草も虫も猫も人も、楽しく生きられる庭をつくる

COLUMN

クラインガルテン

02

クラインガルテンとは、ドイツ語で「小さな庭」。と言いつつも、じつはそれほど小さくもなく、それなりの広さの区画に小屋を建てて、週末には寝泊まりしながら野菜を植えたり収穫したりできる場所のこと。フランスではポタジェ、イギリスではアロットメント、デンマークではコロニーヘーヴという。

日本では「市民菜園」といったところなのだろうが、ヨーロッパのそれらとあまりにもスケール感が違う。しかも賃借期間がせいぜい2~3年かつ抽選のため、せっかくオーガニックな土になってきたところで終了して悔しい思いをしなくてはならない。

もし、空き地を借りることができるのなら、ぜひ野菜づくりに挑戦してみよう。その際、大切なことは、1週間のうちに自分がどれぐらいの時間を菜園に費やせるかということだ。欲張って広いところを借りたのはいいが、週末の2~3時間だけとなると、雑草がぼうぼうになったり、植え付けに時間がかかったり、収穫量が多すぎて食べきれなかったり、いろいろなことが起きてくる。

土に関しては、最初からオーガニックにこだわるよりも、今あるものを農薬や化学肥料で汚染しないようにして、時間をかけてオーガニックな土にしていくのがいい。これだけでも、環境を改善したことになる。

中間領域

家と庭をつなぐ

庭を使いやすくするには、まず、庭に出やすくすることと。部屋から庭に出ようとするとき、縁側やデッキ、ステップが適切に設置されていないと、直接庭に出づらくなる。そうするとわざわざ玄関から回らなければならなくなり、庭に出ること自体が億劫になってしまう。やがて庭が荒れてくる。

そんなとき、室内と室外を結ぶ中間領域が活躍する。

縁側とウッドデッキ

最近は和室のある家が少なくなってきて、縁側も減ってきたが、昔ながらの縁側は優れた中間領域だった。部屋からすぐ庭へ出入りができて、人が来れば、気軽に腰かけて茶など飲みながら話のできる簡易な応接空間になる。それこそ昭和30年代ごろまでは、庭先で木製の大きなタライで洗濯したり、物干しがあったり、行水したり、漬け込むための梅や白菜を干したり。もちろん子どもたちの遊び場であり、犬小屋も置けた。そんなに広い庭でなくても、使いやすい多目的空間として有効利用されていた。これは気軽に庭と部屋を行き来できる縁側があればこそである。

最近の住宅でも縁側を見受けることがあるが、たいがいは使われていない。それはどうもアルミサッシが原因らしい。アルミサッシの敷居のレールは床面より一段高く、レール間の溝も深い。外側の水切りになっているふちまでの幅と落差がけっこうあり、その落差が床と縁側の段差になる。これは結界のように内と外を区切ってしまう。実際にまたぐ分にはどうということはないが、見た目や、気持ちとしては出入りに少し抵抗感がある。レールをまたいでわずかでも一段下に下りる動きは、少し体に勢いがつく感じになるわけで、縁側の幅が狭い（45㎝以下）と、縁側に出たときに、少し不安定さを感じる。足腰が弱ってくるとなおさらである。

アルミサッシ以前の木製建具《たてぐ》の敷居は床と同じ高さで、溝も浅く厚みもあまりなく、床と縁側が一続きに見えるので抵抗感なく出入りができる。その結果、庭の使用頻度が増える。こんなちょっとしたことが、使いやすさや使いにくさにつながってくる。

アルミサッシの場合、縁側の幅を60㎝以上にしてやると、部屋から出るときに安定感があり、出入りしやすくなる。それより広くすると、縁側というよりウッドデッキのような趣になる。実際、デッキを縁側の延長として考えることで、使いやすい空間になる。

基本的に手すりはつけず、ふちに座れるようにする。そこにテーブルや水場を組み合わせたり、レイズドベッドや物干しを組み合わせたりするのもよい。デッキが多

ウッドデッキに据えつけた物干し

目的な空間になることで、庭に出る頻度が増せば、植物たちの変化にも気づきやすくなる。タイルや石張りのテラスでも、また違う雰囲気で同じような多目的な空間をつくることができる。

　あまり広くない庭だと、デッキなどの構造物をつくると庭がより狭く感じるのではないかと思われるが、それは逆で、小さくてもデッキが有効に使える空間にデザインされていれば、今までより庭が広くなったように感じる。ということは逆に、広い庭でも雑然としていたら広さは感じないことになる。

　ウッドデッキを直線的ではなく、変化をつけたデザインにすると、庭全体のレイアウトに動きが出て、ほっとした空間になる。スペースの問題など直線的につくらざるを得ない場合もあるが、その際には、角にアール（丸み）をつけるだけでも、やわらかい雰囲気になり、角に体をぶつけて痛い思いをしなくても済む。とくに小さな子どもがいる家庭では、そういう配慮が必要だ。

　韓国の時代劇を好きな方ならご存じだろう、韓国の昔の民家にはマルという開放的な板の間の空間があった。伝統的な民家は、オンドルという床暖房と厚い泥壁で、開口部は小さく、寒い冬向きだ。そこで夏は風通しのよい日陰の板の間で、家事や休息、食事や応接に使い、そして、自然な感じで家と庭をつなぐ多目的空間となっていた。さしずめ屋根付きのウッドデッキといったところ。このようなデザインを取り入れてみても楽しい。

ウッドデッキとレイズドベッド、園路を融合

韓国のマル（韓国・京畿道《キョンギド》龍仁《ヨンイン》市韓国民俗村）

土間、サンルーム、風除室

日本の古い茅葺《かやぶ》きの民家には土間があった。土間は外部を家の中に取り込んだ空間である。家の中に土足で入れて、藁仕事などができる作業場であり、かまどや流し、水がめ等のあるキッチンスペースであり、応接の場でもある。土間も多目的な中間領域だ。最近の家でも、薪ストーブを入れているところなどで土間を見かける。中間領域としては有用でおもしろいのだが、家の設計段階から組み込まなければならない。リフォームしてつくるとなると、かなり大規模な改修になるだろう。

玄関前の風除室。左は外から、右は家の中から見たもの。ガラス窓は下を押し開けて風を通すことができる

しかし現代の暮らしには、昔ながらの土間は馴染みにくいかもしれない。昔の民家は土間があるのが当たり前だったので、土間に合わせて暮らしが形づくられた。当時と同じ暮らし方をするのならいいのだが、すでにある日常の生活パターンの中に新しく土間が加わると、段差の上がり下りや靴の脱ぎ履きで動線が滞り、使いにくく感じる。家事や食事など日常の生活は床の上で完結させて、土間はあくまでも外部空間を取り込んだスペースとして考えたほうが使いやすくなるだろう。

薪ストーブは、土間につくれば灰や薪の屑が落ちても掃除が楽だ。床のふちは縁側のように腰かけて茶などを飲める簡易な応接空間になる。庭関係の作業着やブーツや合羽、またクラフト関係の道具などの収納スペース、カウンター式の小さな作業台、道具や野菜を洗ったり刃物を研いだりするのに使える作業用のシンクもあると便利だ。

また、地域によっては冬、土間は底冷えがする。対策としては、蓄熱性のあるタイルや石材等を敷きつめてストーブの熱を伝えたり、南側をガラス張りにして太陽光の熱を蓄えたりする。その場合、タイルや石材の下に断熱層をつくるとより効果的だ。

土間が単に部屋と庭をつなぐ中間領域というだけではなく、多目的な楽しみのある空間になれば、自然と庭仕事が暮らしの一部になるだろう。

サンルームと風除室も土間と同じような使い方ができる。普通、サンルームは室内空間を拡張するものだが、室内履きではなく、土足で使うようにすれば、土間のように内と外を結ぶ中間領域として使える。

風除室は、玄関扉を開けたとき、寒風や雪が室内に直接入り込まないように玄関前に設ける部屋のことで、寒い地域ではよく見られる。小さなテーブル等を置いて簡易な応接スペースにしたり、薪や灯油、分別資源・ごみや日用品のストック置き場にしたりと、土間のように多目的な中間領域になる。

03

スウェーデンの国際環境NGO「ナチュラルステップ」からは、学ぶところが大きい。この団体は、地球上で生き残ろうと思うならば最低限守らなければならないルールとして「4つのシステム条件」を打ち出している。その条件を満たした持続可能な社会を目指し、イケアなどの大企業のコンサルティングもしている。

「4つのシステム条件」の1番目は、石油・石炭・ウラン・水銀など、地殻から取り出した物質が生物圏に増え続けないこと。たまに、「ウランや石油は、自然界にあるものなのにどこが悪いの?」と聞いてくる人がいる。しかし、それらは、地球が長い時間をかけて地殻に封じ込めたものなのだ。それを再び、掘り出すことが自然だろうか?

2番目に、人工的につくられたPCB(ポリ塩化ビフェニル)・農薬・ダイオキシンなどの物質が、生物圏に増えないこと。まさにオーガニック・ガーデンは生物圏に農薬を増やさずに社会に貢献することなのだ。

COLUMN

ナチュラルステップ

3番目として、森林の伐採・土地の乱開発・海や湖沼での乱獲などにより、自然が物理的に劣化され続けないこと。

そして、何よりも大切なのが4番目の、人々の基本的ニーズが世界中で満たされていること。これはどういうことかというと、国内外を問わず賃金や労働環境・人権・公平性などについて十分配慮されているかどうか。悲しいけれど、現代は経済効率が優先され、人権は二の次だ。環境は劣化し、人々や地域間の格差や分断が拡大する。その結果、引き起こされる紛争や戦争は、より大きな環境破壊を引き起こし、極限の人権蹂躙《じゅうりん》をもたらす。

逆に言えば、世界中でしっかりと人権が守られていれば、環境も平和も守られるということだ。人権のないオーガニックはない。オーガニックのない平和はない。

あるとき、ナチュラルステップにコンサルタントを依頼しているファストフードの企業が、「この先、うちの会社は生き残っていけるでしょうか？」と尋ねたという。そのときの答えは「どんな時代でも、手軽に食べられるものを必要とする人たちはいることでしょう。でも、そのこととあなたの企業が生き残れるかどうかは別問題」だったそうだ。時代が進めば、手軽には食べたいけれど、添加物だらけ、農薬まみれのものは嫌だ、という人も増えてくることだろう。そのときに、多くの人たちに選んでもらえる企業となっているかどうかは、その企業の理念にかかっている。

園路とアプローチ

動線を意識する

使いやすい庭をつくるために、まず一番に提案したいのは、動線を考えること。動線を考えることはつまり、ゾーニングを考えることである。それをおろそかにすると、漠然とした使い勝手の悪い庭になってしまう。

動線を考えるときの注意点は、園路や植栽帯のラインが「気の流れ」を止めないこと。気の流れがすっと抜けていくようなラインにする。私たちは風水や方位学のようなことはまったくやらないのだが、平面図上で見てラインの流れをせき止めていたり、直角にクロスしたりしていると、実際に庭に立ったとき、ひどく気の詰まる空間に感じられる。

よく考えて園路や玄関へのアプローチをつくると、庭の表情はそれだけで引き締まり、使い勝手のよい庭になる。

素材

園路の素材は、庭のデザインや求める使い勝手に応じて選ぶといい。強度や耐久性を重視するならコンクリート系の舗装やインターロッキング、自然の彩りのある風合いがほしいなら、レンガや自然石の乱張りや切石が向いている。やわらかい感じにしたいなら飛石、真砂土系舗装（水で固まる砂など）、砂利（砕石形状のものが滑りにくい）、より自然な質感がほしいなら、バークチップ、ウッドチップ、松葉などの自然素材を敷きつめたり、通路部分の土を少し盛り上げて突き固めたりといった方法がある。

以上はかなり大雑把な分け方で、実際はデザインや素材の表面仕上げや、ほかの素材との組み合わせ等々で、多様な施工が可能だ。

いろいろなアプローチ。上は玄関から庭を通り物干し場へ。下はファイヤープレイスのある中央広場から玄関へ

畑のふちを囲む土の園路。雨が降っても両脇の溝があることで、水はけがよい

土の園路

びっくりされるかもしれないが、最近、よく土の園路をつくる。オーガニックな庭づくりでは、できるだけ環境負荷の少ない素材を選びたい。できるだけ工業的な製品は持ち込みたくない。庭のリフォームでは、それまで庭にあったものをできるだけ使うようにしたい。それで園路を土でつくることにした。

土ならば何もしなくても園路になるのでは？と思われるかもしれないが、その土のままでは雨の後に歩くと靴がドロドロになってしまう。水はけをよくするにはどうしたら、と考えたところ、解決策は昔の田んぼの畦道にあった。キーワードは水はけと土留めだ。

園路は幅60㎝前後とし、全体を周りの地面より盛り上げて、中央がやや高い緩いかまぼこ形にして突き固める。両脇に幅15㎝、深さ5㎝ほどの溝を添わせ、園路面の雨水がすぐに排水されるようにする。園路も溝も雑草が生えてきたら抜かずに5㎝ぐらいの高さで刈る。草によって土留めをして園路の浸食を防ぐのだ。そして溝に集まった水を植栽帯や菜園にしみ込ませるようにする。排水のよくない庭では、全体に緩く勾配をつけ園路の脇の溝沿いに雨水が排水できるようにするとよい。

実用性を考える

園路を考えるうえで、誰が使うかということも重要だ。車椅子を使うとか、杖を突くとか、薪を運ぶ台車が通るとか。自転車やベビーカーを押して通るということもある。車輪のついたものは路面が平滑なほうが通りやすいが、平滑なものは濡れたときに滑りやすくなるので、注意が必要。また素材や場所によるが、レンガなどコケが生えて滑りやすくなるものもある。

園路の幅も広いに越したことはないが、庭全体のスペースとのバランスを考えること。

園路やアプローチには庭を引き締め、雑草を味方につける役割もあるのかもしれない。以前、雑草だらけの庭に、玄関から庭を通って駐車場まで続くアプローチをつくったことがある。すると、以前から生えている雑草がいきいきとした植物に見え、見苦しさが消えたことに驚いた。

土の園路の断面

園路の断面が、真ん中で高く、両脇で低くなるようにして、緩いかまぼこ形にする。
両脇に溝を掘り雨水が流れるようにする。
よく突き固めて、雑草が生えてきたら5cm刈りにする。

階段も、素材ひとつで雰囲気が変わる

植栽

見栄えと管理をバランスよく

緑がほしいと思うのはどんなときだろうか？　隣家との境界がほしい、目隠しとして植えたい、風除けが必要だ、日陰がほしい、外構デザインとしてのグリーンがないと殺風景だ、などなど。これらはみな、住環境として、緑がほしいということになる。

それに対して、バラの花の栽培や、季節の花としての梅や桜など愛でる楽しみとしての緑がある。

他にも自給自足的な緑としては、「食べる」という目的で、果樹を植えたり、菜園をつくったり、野草を育てたりする。さらには、「利用」という目的で緑がほしい場合がある。たとえば、薬草として使うための山野草や雑草、虫除けや化粧水などに使うための植物、皿や敷物として使うハランやバショウ、器やカトラリーとして使える竹（カップ、水筒、炊飯、箸、スプーン、フォークなど）である。

それと、おしりを拭ける葉っぱがあるとさらに心強い。災害などで水洗トイレが使えないとき、庭にスペースがあれば、穴を掘ってトイレにすることができる（72ページ「循環する庭」参照）。

維持管理のコツ

だが、緑のほしい一番多い理由は「なんとなく」なのではないだろうか？　やはり人間は本能的に緑がほしいのだ。緑と切り離されていると、不安になるのだ。だが「なんとなく」だから、多くの人は木が大きくなることまでは考えていない。「大きくならない木を植えてほしい」などと言われると、困ってしまう。

低木、中木、高木などの分類は、定期的に剪定していれば中木として形が整えやすいですよ、低木として観賞できますよ、という意味であって、そのままにしておけば大きくなってしまうということは頭に入れておいてほしい。

植物好きな人ほど、「たくさんの緑がほしい」と、好きなもの、植えたいものを次から次へと植えてしまう。気持ちもわからないではないが、森のようにするには、それなりのスペースが必要で、隣同士がくっつき合っている住宅街では、落ち葉や日照が大きなトラブルの原因になってしまうことも多く見てきた。

植物は横にも縦にも育つものである。だから、最初に植えるときは、自分が想定しているよりも小さめの苗を選んだほうが、活着率も高くなる。ほとんどの植物は植えてから3年ほどはあまり変化が見られないが、根づいてくる4年目以降に急激に背丈や幹が大きくなるので、それをイメージして、最初から間隔を空けて植えること。常に、大きくなった数年後を想像して、植えることが大切だ。

また、マンホールの近くや塀の近くに街路樹にされるような大木になる種類を植えてしまうと、やがて根がそ

エレガンテシマの植え付け。常緑で、針葉樹の中では刈り込み剪定で形をつくりやすい

れらを押して動かしてしまう。隣家との境界の近くは、木が育ってくると、隣家からでないと剪定ができなくなることもある。そういうことも考えて植え込みすぎないこと、植えるときは空間にゆとりをもつことが大切だ。

樹種と場所の選び方

ひとつおすすめしたいのは、南側に落葉樹を植えること。夏の間は木陰をつくり、家の温度を下げてくれる。秋には紅葉、あるいは黄葉する木も多く、冬には葉を落とし、暖かい太陽の光が降り注ぐ。ビワなどの常緑で葉が大きいものは植える場所をよく考えたほうがいい。常緑樹を南側に植えてしまうと、夏はいいが、冬は陽光が遮られ、家の中まで寒々としてしまうだろう。

また、お隣との境や道路側に落葉樹を植えると、落ち葉のことでクレームを言われる場合もある。落ち葉の季節には門前どころか隣近所まで掃き掃除をする覚悟が必要かもしれない。

最近、昔のお屋敷に植えてあるような木が大木となって、近所からのクレームによって伐採される話を多く聞く。たしかに落ち葉を掃くのは、忙しい現代人には面倒くさいことかもしれない。昔なら、落ち葉を掃きつつ立ち話をしたりして、近所の人たちのコミュニケーションにもなっていた。集めた落ち葉で焼き芋をしたり、出た灰を庭に撒いたりすることもできた。最近は、街なかで火を焚《た》くことが禁じられるので、それもできない。

ノスタルジアと言われてしまうかもしれないが、ほんの少し、落ち葉にも寛容になってもらえたらと願わずにはいられない。緑は共通の財産であり、ヨーロッパでは、緑の多い地域は資産価値が高いとも言われている。日本もそうなったらいいなあとひそかに願っている。

私たちが剪定をしている家で、一番驚いたのが、サザンカの門かぶりである。マツやマキの門かぶりはよく見るが、玄関のドア近くに仕立てられたサザンカは初めてだった。花が咲くと、「おかえりなさい」とサザンカに言われているようで、さぞ楽しいだろう。長い年月をかけて、少しずつ幹を誘引してつくったのであろうサザンカの門かぶり。門かぶりと言えばマツかマキ、という固定観念を捨てて、こんな植栽をするのもいいのではない

いろいろな宿根草をメインにオーガニックで管理している庭。季節ごとに多種類の花が咲く（撮影：小竹幸子）

だろうか。

花壇

さて、庭には木だけでなく、四季折々の花も植えたいことだろう。

よくガーデン雑誌で紹介される入園料を取れそうな庭は、花がぎっしりと美しくレイアウトされ、憧れをかき立てる。だが、あのような庭はプロのガーデナーが何人も関わって、シーズン中はメンテナンスを毎日のように行っている。花を長く咲かせるには、枯れ葉や花がらを取りのぞき、風通しがよくなるように枝の間引きをしなくてはならない。個人の庭では、それらをすべて自分でやらねばならず、毎日数時間を庭に費やす覚悟がないと、あのような庭にはならないのだ。

だが、『無農薬でバラ庭を』（築地書館）の著者である小竹幸子さんは、山梨県の200坪もの敷地で、夢のような美しい庭をオーガニックでつくり続けている。宿根草を中心にしたこの庭では、植えた植物たちが自然に広がったり、動いたりして、互いに折り合いをつけながら共生して景色をつくっている。小竹さん曰く、「野草や野鳥や昆虫たち、微生物などの生き物みんながガーデナーといった感じなので、200坪ある庭ですが、私一人でも管理できるのです。オーガニックなら肥料代や農薬代もいらないし、撒く手間も必要ありません。オーガニックって、楽だなあと思います」とのこと。オーガニック・ガーデンの醍醐味を具現化してくれている。

よほどの庭好きではない限り、庭を見苦しくない程度に維持し、季節の花を少し楽しめればいいという人がほとんどなのではないだろうか？　だとしたら、花壇を大きくつくりすぎず、自分で管理できる範囲にして、あとは雑草のグラウンドカバーにするのが楽かもしれない。

また、住宅地などでは、三方を建物に囲まれているなどということもままある。日当たりも風通しも悪くて、何を植えてもうまくいかないという話もじつに多い。

そのような場合は、レイズドベッドがおすすめだ。レイズドベッドは木やブロックやレンガを積んで囲った中に土を入れてつくる持ち上げ式花壇である。一般的な花壇より高さがあるので、風通しや日当たりがよくなる。

レイズドベッドは風通しと日当たりを改善でき、草花を部屋から楽しむこともできる

また、かがんで作業する必要もなくなるので、腰や膝への負担も減るし、下部をへこませたつくりにすれば車椅子に乗ったまま手入れができる。さらに、目線が植物と近くなるため、病虫害の発見も早くなるのだ。早く見つけられれば、手で取るなどの物理的防除だけで済み、農薬に頼らない庭が可能になる。

高さは40㎝ぐらいあれば、ふちに座って作業できるし、70㎝であれば、立ったまま作業ができる。そして、窓にほど近いところにつくれば、家の中から季節の花を眺めることも楽しみのひとつになる。

また、庭のリフォームの依頼で多いのが、和風の庭で「大きな石をどうにかしたい」というもの。石は据えつけるときは高い金額を請求されるが、処分するとなると、これまた費用がかかる。しかも、石の半分は土の中に埋まっていることも多く、掘り起こすのも一苦労。それであれば、掘り起こすのが難しい石、移動が大変な石はそのままにして、むしろ新しい石を足して、ロックガーデン風にしてしまうのもありだ。

また、スパイラル花壇というのもある。緩い渦巻き状の小山にして石で土留めをする花壇だ。この花壇はてっぺんに水を撒くと、徐々に水が下にしみていくため、少量の水を効率よく行き渡らせることができる。

昔から漬物屋さんをしていたお宅で、大きな漬物石がご自宅に100個以上あって、処分に困っていた。そこで、地面を掘り下げて高低差のある大型のダブルスパイラル花壇をつくったところ、庭のシンボルとなり、大変喜ばれた。

ダブルスパイラル花壇。手前を凸型の花壇にして効率よく水撒きし、奥を凹型にして降雨時の吸い込みにする

フェンス類

どのくらい遮るか

フェンスの目的は、防犯、目隠し、風除け。それに、庭道具・薪・冬タイヤ等を入れる薄型の収納と兼用することもできる。

素材選び

現在ではアルミフェンスが主流だ。基本的に構造が劣化するような腐食をしないので耐久性は高いが、日焼けや埃焼けによる経年変化は避けられない。最近はプラスチック製の竹垣もある。腐らず耐久性があるが、やはり日焼け、埃焼けが避けられない。

これらの工業製品は、新品のときが一番美しく、経年劣化して、ごみに近づいていく。

アルミは原料のボーキサイトが有限で、精錬の際、大量の電力を消費する。リサイクルは精錬時の3％の電力でできるが、総体として環境負荷は高い。プラスチックは原料が化石燃料で、一部リサイクルもされるが、廃棄処分量も多く、環境への拡散が問題である。ことにマイクロプラスチックの生態系や人体への影響が世界的に問題になっている。

一方で木や竹の自然素材は、新品の美しさはもちろんのこと、経年変化による色調の落ち着きや周囲との馴染み感が、庭全体に調和を与える。アルミやプラスチック製品に比べると耐久性は低いが、土に還る素材であることは秀逸である。

経年劣化による定期的なつくり替えで、木材や竹材の需要が増えれば、森林や竹林の循環、再生が活発になる。昔はそうやって森林や竹林が維持されていた。木材用の屋外塗料も自然素材のいいものが出ている。また熱処理等により耐久性を高めた木材製品もある。

もちろん、樹木による生け垣も立派な目隠しになる。

生け垣とウッドフェンス

自然素材について詳しく考えてみよう。たとえば、生け垣の場合、きれいに維持するには、年間最低2回の刈り込みが必要になる。生け垣が低くて短かければいいのだが、高かったり、長かったりするとけっこうな手間がかかる。また、隣家との境のあまりにも狭い場所は、生け垣にすると、その後の手入れが大変だ。隣家との関係がよければ、ちょっとお邪魔して剪定させてもらうこともできるが、それができない場合は伸び放題になってしまい、トラブルを招くこともある。

もちろん、生け垣は風や視線をやわらかく遮ったり、花を咲かせるものがあったりと捨てがたいし、市町村によっては、生け垣条例や緑化条例など補助を出してくれる制度もある。

生け垣は基本的に敷地のふちに沿う形でつくるので、

ウッドフェンスは、経年で色が落ち着き植栽ともよく馴染む

隣家や道路に枝が張り出したり、落ち葉が散らかったりと、対外的な対応の必要が出てくる。

そこをウッドフェンスにした場合、最初の施工費はかかるが、毎年の刈り込みの手間がなくなる。耐候性が高く、屋外塗料不要の処理をした木材であれば十数年はメンテナンスフリーである。長いウッドフェンスは植栽や収納、小屋等の構造物と組み合わせると単調にならない。

園路に沿わせた竹垣。庭空間の中に方向性や区切りをつける

竹垣

最近、竹垣をつくる人がほとんどいない。たまに見かける竹垣は、合成樹脂製で味気ない。天然の竹垣は5〜7年ぐらいで朽ちていき、交換するようになる。樹脂製のものは、経年変化で埃焼けして汚くなるが、天然の竹の場合は、徐々に枯れていくのが侘び寂びでオツなもの

である。そして、昔の人は竹垣が朽ちると、違うデザインでつくり直し、庭の雰囲気を竹垣ひとつで変えたりして楽しんでいた。

今では、「とにかく腐らないものがほしい」「耐久性の高いものでないと嫌だ」という人が多い。だが、あまりにも頑丈すぎて、壊すときに苦労した庭もある。それを見たお客さんが「壊れないということも問題ね……」とぽつりと言ったことが忘れられない。廃棄の問題も考えると、成長が早く土に還る竹は、再生可能でカーボンニュートラルなとても優秀な素材と言えるのだが。

現在手に入る竹のほとんどは、残念ながら海外からの輸入品である。その一方で、国内の竹林は荒れ果てている。本来は優秀な再生可能資源なので、もっと活用できるようになればいいと思う。今までの竹垣のつくり方にこだわらず、和風でモダンな竹垣を創作するのもいいかもしれない。

地方に行くと、先祖代々の広い敷地に住む人もいる。竹林などがある場合は、放置してしまうと、やぶ蚊の温床になり、荒れ果てた感じになる。昔から、「番傘を差して通れるぐらい」に竹と竹との間隔を空けよと言われている。家に竹林がなくても、竹垣のために地域の人に分けてもらえば間伐にもなって一石二鳥、タケノコ掘りなどのイベントを催すきっかけになるかもしれない。

竹林が荒れている姿を、地方に行くとよく見るが、造園関係者に聞くと、マダケに関しては数が減っているのではないかとのこと。主に竹垣、籠、ざるなどに使われるのはマダケで、第二次世界大戦が終わって人々の生活

荒れた竹林。写真下部の人の大きさから、その巨大さがわかる

が落ち着き始めた昭和30年代に多く植えられた。それらが、枯れる時期に来ているのかもしれない。なぜなら竹は、60年から120年に1度、花を咲かせて枯れてしまうらしい。今、あちこちで花を咲かせ、枯れている竹藪を見ることがある。嫌われ者の竹藪だが、きちんと管理して使えば、とてもエコでサステナブルな植物だからこそ、昔から人間の生活する近くに植えられてきた。そのまま、絶えてしまわなければいいのだが。

目的で構造を選ぶ

目隠しを目的とする場合、フェンスの高さは、通行人の目線をどこで切るかが基準になる。たとえば隠したい家側の様子が、以下のどれに当てはまるかで高さを決める。

①庭で椅子に座る
②庭に立つ
③デッキで椅子に座る
④デッキで立つ
⑤室内で床に座る
⑥室内で椅子に座る
⑦室内で立つ
⑧通行人の目線は気にしない

玄関前につくったウッドフェンス。植栽を組み合わせることで殺風景さが薄れ、季節感も楽しめる

フェンス類は道路や隣家との境につくるわけだが、その前にまず必要なのか必要でないのかを考えること。何もつくらないというのもひとつの選択肢である。映画等で見るアメリカの住宅街ではフェンスは見かけない。その代わり広い芝生がある。条件が許せば、そういう選択もあると思う。

広い芝生がなくとも、防犯上問題がなければ、フェンス類を設けないのもスッキリしていい。周りからの目線は気にしないが何かしらの仕切りがほしいという場合は、たとえば60㎝ぐらいの高さに、横棒を1本渡すだけでも境界として機能する。

　小さな子どもがいる家で、庭はオープンにしていたいけれど、そこで遊ぶ子どもたちが道路に飛び出したら危ないというので、高さ50㎝ほどの移動式のフェンスをつくったことがある。フェンスにタイヤをつけ、地面のレールにかませることで、開閉可能かつフェンスが倒れないでスライドできるようにした。これは大人が楽にまたげるようなものなので、フェンスというよりは「ゲート」といったほうがいいのかもしれない。実際、これをつくったら勧誘や訪問販売が来なくなったそうだ。

つるバラを絡ませたパーゴラ

　道路や隣からの目線を切るためにフェンス類をつくる場合、高ければ高いほどよいというわけではない。風通しや日当たりを考えればできるだけ低くしたいし、隙間も空けたい。

　あるとき、高さ2m以上ある生け垣を、人の背より低くしてほしいという依頼があった。話を聞くと泥棒に入られたとのこと。塀でも生け垣でもフェンスでも、高くすれば泥棒の侵入は防げそうだが、家周りが完全に外から見えないと、一旦入れば安心して仕事ができてしまう。だから逆に泥棒にねらわれやすいらしい。また、犯罪ジャーナリスト・

道路からの目隠しとしての低めの柵

ヨシズを使った大きな目隠し。窓をつけることで光が入り、風も通るように

梅本正行氏によると、物が出しっぱなしで雑草が生え放題の庭は、空き巣から「ルーズなので盗みやすい」と思われるそうだ。

一方で、高さ3m近いフェンスをつくったこともある。南側に駐車場を挟んで4階建てのマンションがあり、各階の北側通路から家も庭も丸見え。そこでリビングの前に、4階からの目線が切れる高さに木製の枠をつくり、ヨシズを張った。ヨシズを選んだ理由は、南側で3mもあると、板張りでは暗く威圧感があるからだ。幅も4m近くあり、全面ヨシズというのも殺風景なので、腰の高さで2カ所窓をつけた。70㎝角ぐらいで、乳白色の樹脂製、下端を外に10㎝ほど押し開いた状態で固定して採光と風通しを確保した。

目隠しとは逆に、隣家の人と話ができるように、顔の見える高さにしてほしいという注文もある。

フェンスの高さや構造は、いろいろな条件によって決まってくるので、求める条件とのバランスを考えるとよい。

COLUMN

「グリーンゲリラ」と「ゲリラガーデニング」

「ゲリラ」などという物騒な言葉は、およそ植物を指す「グリーン」とは相いれないかもしれない。だが、あえてそのような名前をもつ団体や手法がニューヨークとロンドンにある。

まずはニューヨークの空き地にコミュニティ・ガーデンをつくり、美化に取り組んだ非営利の環境団体「グリーンゲリラ」。団体のメンバーたちは、放置され犯罪の温床になっていた空き地を緑の園へと変えていった。その方法もユニークで、空き地を囲う金網越しに種子、水、堆肥を仕込んだ袋を投げ入れるというもの。そこから「ゲリラ」という名前をつけたのかもしれない。

一方ロンドンも負けてはいない。ここで「ゲリラガーデニング」を提唱したのは、リチャード・レイノルズ。花屋で売れ残った苗をもらい、ブログで花を植えたい人を募ったところ数名が集まり、一夜にして空いている小さな土地を花壇にしてしまうという離れ業をやってのけた。

もちろん、その空き地は私有地であり、許可も取っていなかったため、厳密にいうと違法行為であり、まさしくゲリラ。しかし、街の人たちは空き地が花で美しくよみがえることを喜んだ。もちろん、花と緑がある地域での犯罪率は減ったというから、ゲリラたちの行為も捨てたものではない。

タイでは、その昔、「タイ社会のごみ捨て場」と称されたスラムで、ごみを拾ってくると花の苗と交換するという運動をNGO団体が企画したところ、スラム街はみるみる花いっぱいの街に変貌したという。こちらもまた犯罪率が減ったというのだから、花の力は偉大だ。

収納 仕舞う場所から楽しむ場所へ

園芸好きであるが故に、買ってきた花のポットや用土の入った袋や支柱やプランター等の資材、そして、道具類が庭にあふれ出す。乱雑になっていると、あると思ったものがなかったり、同じものを何度も買ってしまったり、余計な手間や無駄が多くなる。そして何より庭が美しくなくなる。

そんな残念な事態を防ぐため、整理ができて使い勝手のいい収納は必須である。

でも、小さな庭に収納を置いたら、より狭くなってしまうのでは？　たしかに、物置をただポンと置いたのでは、その分庭が狭くなる。空間を無駄なく使う工夫が必要だ。室外機の上とか、出窓の下とかのデッドスペースに、奥行きを狭くつくってフェンスと兼用にするとか、ベンチやテーブルの下を利用してもよい。狭い庭こそ収納で整理することで空間を有効に使える。

何を収納するか？

・掃除道具（庭や道路など家の周りの掃除用）

→熊手、ホウキ、チリトリ（箕）、雪かきスコップ

・庭の道具
↓木鋏《きばさみ》、剪定鋏、刈込鋏、剪定鋸、高枝鋏、移植ゴテ、スコップなど
・キャンプ道具（サバイバルツール）
↓コンロ、燃料、調理器具、食器、テント、寝袋、救急セット、保存食、水、非常用トイレ等。ペットの餌やトイレ関係のもの
・冬タイヤ、車関係用具、工具
・趣味の道具類

収納をフォーカルポイントに

普通、収納（物置）は庭の隅のほうにめだたないように置こうと考えるが、逆にフォーカルポイントとして庭の真正面に据えることもできる。とくに日本の住宅事情では庭の南側がすぐ隣の家の裏側で、キッチンやトイレや風呂場の窓だったり、冬タイヤや不用品の置き場だったりするから、それらを隠すのにも役立つ。

ただしその際は、デザインや機能を工夫すること。単なる物置を真正面に据えたのでは、武骨で殺風景だ。たとえば、ライティングデスク式に、扉を手前に開くと作業台になるとか、扉の構成がおもしろいデザインになっているとか、そこにパーゴラのように屋根をかけて、雨の日でもちょっとした作業ができるようにしたり、椅子と組み合わせてお茶を飲める空間にしたりすると、実用性のあるフォーカルポイントになる。そうやって殺風景な隣家の裏側を隠せれば、庭を中庭のような空間として構成することができる。

扉を開けると作業台にもなる物置

収納をフェンスと合体させるのもよい。収納するものに合わせて奥行きをできるだけ狭くして、扉のデザインをフェンスと合わせれば一体感のある、省スペースの収納になる。

冬タイヤ用に、カーポートの柱と柱の間にタイヤがちょうど入る厚さで収納をつくれば、フェンスのような目隠しにもなるし、洗車道具のようなこまごましたものも仕舞える。

熊手やホウキは軒下の壁に吊るすようにしてもよい。

広さと用途のグレードアップ

収納をグレードアップしていくと小屋になる。スペースが限られた庭でも小屋的空間はつくれる。小さなテーブルと椅子があって、屋根と壁に囲われた空間があれば、そこは小屋になる。小屋があると庭の風景が変わる。小屋から見ると、庭の風景がまた違ったものになる。

ドイツの市民農園、クラインガルテン（25ページ、コラム参照）には必ず小屋がある。道具や資材の置き場だったり、お茶や食事を楽しんだり、地下にワインセラーがある小屋もあるとか。

そこまで本格的でなくとも、カセットコンロやキャンプ道具など扱いやすくコンパクトに使えるものを持ち込めば、小さなスペースでも小屋ライフは楽しめる。キャンプによく行く人はもちろん、そうでない人にもいざというときの備えとしておすすめだ。普段から庭で使うようにして、道具の扱いに慣れておくとよい。たまに庭で湯を沸かしてお茶を飲んだり、保存食をメインに外で調理して食事をしたりすれば、食料や燃料のストックも確認できる。災害時の予行練習にもなる。

スペースに余裕があれば、薪ストーブや石窯と組み合わせることもできる。シンクや水栓を設置すればガーデンキッチンになる。また、一角をガラス（または透明樹脂）張りにすれば温室としてもサンルームとしても使える。フェンスや収納、小屋を間接照明などで照らすと、夜の庭をやわらかくライトアップすることもできる。

そして、小屋をグレードアップするとガレージになる。ガレージとはもともとは車庫の意味だが、工房やアトリエ、スタジオとして使われることも多い。ガレージとし

収納いろいろ
右上：草屋根の小屋
左上：隣家との境を兼ねた収納
中：マンションベランダの壁際に設えた奥行 30cm ほどの収納
下：タイヤ専用収納

て独立して建てなくても、下屋《げや》にして家に寄り添わせて限られたスペースを利用することもできる。

小さな収納から始まってガレージまで、家とは違う空間があることで、外とつながる暮らし方が広がってくる。

土について

畑でも庭でも気軽に「土づくり」という言葉が使われるが、本物の土は、人間がどんなに化学を駆使してもつくり出すことはできない。土ができるためには、動植物や土壌微生物たちの力を借り、長い時間をかけなければならない。

ミミズは吸盤のような口で落ち葉をはぎとるようにして食べ、自分の体と同じぐらいの重さのフンを排出していく。そうして土がミミズの体内を通ると、窒素、カリウム、リンや、微量元素のマグネシウムなどが増えているのである。これが、昔からミミズが大切だと言われるゆえんだ。

植物の根と土壌微生物は、密接な関係をつくってきた。たとえば、マツとマツタケの関係はよく知られている。マツタケの菌は菌根菌と呼ばれ、マツの根に入り込むように共生して、土中の水分と養分をマツに与えて、マツから光合成でできた糖質をもらっている。

菌根菌のように植物と直接の共生関係がなくても、土壌微生物は落ち葉や生物の死骸、排泄物などの有機物を無機物に分解して植物が吸収できるようにしている。土壌微生物の活動が土壌を豊かにしているのだ。

土中のネットワーク

多様な土壌微生物が土中の生態系をつくり、植物同士をつなぐネットワークをつくっている。

普通に見るキノコは繁殖のための器官で、キノコ類の本体は菌糸と呼ばれ、土の中で糸状に広がりつながっている。ほかの微生物も多様な関係性の中でつながって生命活動に必要な情報や養分をやりとりしている。

2本の植物を1つの鉢に並べて植えた実験がある。植物の片方に日光が当たらないように袋を被せて、観察を続けると、弱りはするが枯れなかった。別の鉢では土の中央に仕切りをして、土壌微生物同士が触れ合わないように分けた。観察を続けると袋を被せたほうは枯れてしまった。どうやら土壌微生物が、日光の当たる植物が光合成でつくり出した糖質を、日光の当たらない植物に運んだらしい。ほかにも森の木々がネットワークでグループ化されているという研究もある。

微生物が棲む豊かな土壌は個々の植物を育むだけではなく、植物同士を結びつけている。

劣化する土

化学肥料の硫安（硫酸アンモニウム）は養分となるアンモニアが植物に吸収されると土中に硫酸が残り、塩化カリウムはカリウム分が植物に吸収されると塩酸が土中に残って、それぞれ土壌微生物にダメージを与える。また、化学肥料が普及して堆肥が使われなくなり、それによって有機質の供給がなくなったことで、土壌微生物の活力が低下していった。有機質と土壌微生物が減ると団粒構造が壊れて、単粒構造の硬い土になっていく。

化学肥料だけではなく、殺虫剤や殺菌剤、除草剤などの農薬も微生物を減らし、土壌を劣化させる。

1960年代にインドでは「緑の革命」と称して食料の大増産のために、品種改良した稲を使い、農地に大量の農薬と化学肥料を使用した。最初のころは3倍近い収量を上げたが、このときの農薬と化学肥料のために現在では農地は劣化し収量は落ちてしまっている。

国連食糧農業機関によると食料生産に重要な地球上の

土がよくない庭では、植物を育てたいところにだけ新しい土を入れて低いレイズドベッドにする。こちらは施工直後の様子

土壌の33％以上がすでに劣化していて、２０５０年までに90％以上の土壌が劣化する可能性があるという。

また、劣化した土壌は雨や風で浸食されやすく、世界では年間２５０億〜４００億トンの表土が失われている。

団粒構造の土

庭の水はけが悪いと、大雨が降ったときなどに、水浸しになってしまう。備えのある庭を考えるとき、庭の土の環境もよくしておく必要がある。

たいがいの悪い土は「単粒構造」といって、土の粒子がびっしりと詰まっているために、通気性も水はけも悪く、土壌が硬くなっている。それに対し、団粒構造の土は、土の粒子が粘着性の有機物によってくっついて、多孔質の小さな団粒をつくり、その小さな隙間に水分と養分を蓄える。団粒と団粒の大きな隙間は水はけがよく、空気が通る。その隙間が土壌微生物の住処《すみか》になる。これが保水力のある水はけのよい土である。

しかし、庭全体の排水が悪い場合、すべての土を入れ替えることもできないし、たとえ表層の土だけ改善して

庭仕事の真髄

孤独を癒す庭

スー・スチュアート・スミス［著］
和田佐規子［訳］　3200円＋税
人はなぜ土に触れると癒されるのか。庭仕事は人の心にどのような働きかけをするのか。庭仕事で自分を取り戻した人びとの物語を描いた全英ベストセラー。

英国貴族、領地を野生に戻す

野生動物の復活と自然の大遷移

イザベラ・トゥリー［著］　三木直子［訳］
2700円＋税
中世から名が残る美しい南イングランドの農地1400haを再野生化する様子を、驚きとともに農場主の妻が描くノンフィクション。

地域を楽しむ本

家中・足軽の幕末変革記

飢饉・金策・家柄重視と能力主義

支倉清＋支倉紀代美［著］
2400円＋税
19世紀の地方社会の変化と闘争を、仙台藩前谷地村で60年にわたり記された文書『山岸氏御用留』から読み解く。

下級武士の田舎暮らし日記

奉公・金策・獣害対策

支倉清＋支倉紀代美［著］
2400円＋税
仕事、災害、冠婚葬祭……。仙台藩下級武士が40年間つづった日記から読み解く、江戸時代中期の村の暮らし。

気仙大工が教える木を楽しむ家づくり

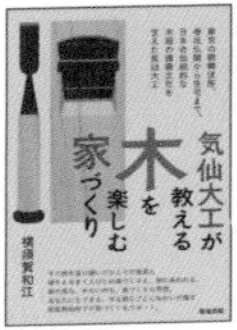

横須賀和江［著］　1800円＋税
日本の伝統的な木組の建築文化を支えた気仙大工。その技を受け継いだ棟梁と彼をとりまく人びとの家づくりと、森の恵み、木のいのち、家づくりの思想。

半農半林で暮らしを立てる

資金ゼロからのＩターン田舎暮らし入門

市井晴也［著］　1800円＋税
『動物たちに囲まれて、大自然に抱かれて、ゆったり子育て、通勤ラッシュなし（腰痛はあり）』。新潟・魚沼の山村で得た25年の経験と暮らしぶりを描く。

価格は、本体価格に別途消費税がかかります。価格は2023年1月現在のものです。

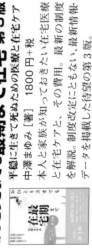

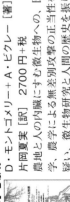

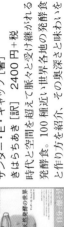

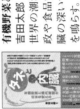

右の庭の施工２年後、植物が育った状態

も、さらに深いところの水のしみ込みが悪ければ、大雨のときは違いがあまりない。

私たちは、水はけが悪い場合は、勾配をきちんと取って、排水枡・浸透枡などを設け、ある程度の水はそこに流れ込むようにしている。また、庭に雨のときだけ排水できる溝を掘って「枯れ小川」をつくり、遊びと水はけを兼ねたものにしている（98ページ「水を楽しむ庭」参照）。

土の改善法・竹筒埋め込み法

土の状態が悪いところに植栽する場合は、木の周りに竹筒を埋める竹筒埋め込み法という方法も試していて、今のところ、かなりの成果を上げている。

①直径5㎝ぐらいの竹の上端を、節のすぐ上でまっすぐに切る（節止め）
②1mほどの長さに竹を切る。このとき、土に埋め込みやすくするために、節で斜めに切る
③そうやって中木（高さ2～3m）の場合、3本から

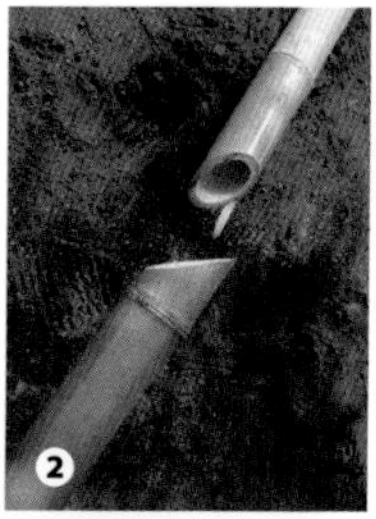

5本ほど用意する（木の大きさによる。大きい木だともっと必要になることも）

④ナタで縦半分に割る

⑤中の節を小さい金槌でたたいて取る

⑥割った竹をもとのようにぴたりとつけ、何カ所か針金でしばる（麻縄などでもよい）

⑦竹の長さより少し浅めに穴を掘る。穴の間隔は0・5～1mぐらい、木の根を傷つけたり、切ったりしないように、根が出てきたら、避ける。埋め込む位置だが、新しく植栽する場合は、植え穴の周り。既存樹の場合は、幹と葉張りの先との中間、もしくは隣の木との中間

⑧竹を木槌でたたいて入れ、頭の部分が地上より1～2㎝出るようにする

⑨土で埋め戻す。その際に腐葉土、バーク堆肥、生ごみからできた完熟堆肥、籾殻《もみがら》くん炭などを土と混ぜて入れるとなおよい

⑩竹筒の中に、生ごみ堆肥からつくったコンポスト・ティーを10倍に薄めて流し込む（ない場合は木酢液を1000倍に薄めて流し込む。絶対に濃くしないこと）

⑪小さい子どもや高齢者がつまずく心配があるときは、竹のふちまで土を盛り上げると、つまずきにくくなる

1mぐらい掘って竹筒を埋め込みたいが、どうしても硬い場合は50㎝ほどでもいい。最低でも30㎝は掘りたい。この方法により、周りの土をほぐし、竹筒の入ってい

竹筒埋め込み法施工後の様子。水が深くまで入っていくだけでなく、土壌微生物の活性化にも役立つ

る近辺の土壌微生物の活動を活発にする。水はけが悪いということは、酸素も届いていないということなので、酸素を土の中にもっと供給してやる。また、水も表面だけでなく、深く入っていくことで、木の根が水を求めて深いところまで伸びていき、微生物の働きも活発になり、土も根によってほぐされていく。養分と酸素があれば根は伸びていく。

竹筒埋め込み法は、少なくとも、ダブルスコップ、木槌、ナタなどの道具が必要になるが、そろえられない場合は、「枝挿し法」といって、植え穴を大きめに掘り、剪定した長く太めの枝を植え穴のふちあたりに何本かぶすぶすと挿して埋め戻すのでもよい。

この方法は、土の硬いところに限らず、長い間雨が降らなかったり、木の元気がなかったりなどというときにも効果がある。10日以上雨が降らないような場合、竹筒に水を流し入れる。

化学肥料と有機肥料

植物の根はとても大切な存在だ。根が水分と栄養素を吸い上げるからこそ、葉で吸収した二酸化炭素をもとに光合成によって生命活動のエネルギーとなる糖質をつくり出し、分離した酸素を排出する。つまり、植物の葉と太陽の光だけでは光合成はできないのだ。

ところが、化学肥料が出回るようになってから、人々は安易にそれを使用し、見かけだけは大きく青々した植物をつくることにやっきになり、植物の根について、土について考えなくなっている。

化学肥料は栄養なのに何が悪いの?と思う人もいるかもしれない。園芸本の多くには、「○月にはこれ、×月にはあれ」と書いてある。従来は、いかに農薬や化学肥料を使いこなすかが腕のよいガーデナーとされてきた。だが、農薬はもちろんのこと、化学肥料もその名の通り「化学合成物質」である。

しかも、植物に化学肥料を与えると、短期的には元気になったように見えるが、長い目で見れば、確実に弱っていく。人間で言えば、栄養剤とドリンク剤で食事を済ませ、バランスの崩れた体調を、薬で一生懸命に健康にしようとしているようなもの。

本来は、土壌微生物に栄養を与えて、土壌微生物がつくり出したもの(分解したもの)を植物が利用するというのが、まっとうな自然界のサイクルだ。そう考えると、植物に直接栄養を与える化学肥料のやり方には、いかに無理があるかわかるだろう。

土をつくる。左から腐葉土、赤玉土(小粒)、土、下は大粒の赤玉土

化学肥料には植物の三大栄養素と言われる窒素・リン酸・カリウムが化学合成されて配合されている。しかし、人間がタンパク質・炭水化物・ビタミンだけではなく、さまざまな微量元素などを必要とするように、植物も微量元素を必要としている。化学肥料はそれらを考慮に入れていない。それどころか、化学的な窒素・リン酸・カリウムを入れることで、抜けてしまう微量元素もある。

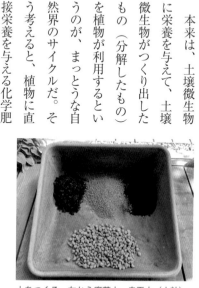

化学肥料の問題点

・多くは硝酸塩とリン酸塩を含んでいる
・土に雨水がしみ込んだときに、硝酸塩が混入すると、水質汚染が生じる
・食用作物中に、有毒であることが疑われる残留物が蓄積する

市販されている土や肥料の種類

化学肥料	化学合成した窒素、リン酸、カリウムを配合したもの	
有機質肥料	動物性由来	牛糞、鶏糞、豚糞、骨粉、魚粉
	植物性由来	腐葉土、バーク堆肥、くん炭、生ごみ堆肥、油かす
土壌改良剤	バーミキュライト、パーライト、ゼオライト、ピートモス、石灰、草木灰、各種合成したもの	
その他	赤玉土（大粒、中粒、小粒）、鹿沼土	

・硝酸塩の一部が、大気汚染物質のひとつであり、酸性雨と地球温暖化の原因のひとつでもある窒素酸化物として放出される恐れがある
・直接取り込んだ植物は水分が多く養分の質が低いものとなるため、病虫害にあいやすくなる
・限りある資源がその製造に使われている
・遅効性の化学肥料の中には、マイクロプラスチック問題を引き起こすものがある

肥料と堆肥との違い

何気なく肥料や堆肥という言葉を使っているが、肥料というと、化学肥料も有機肥料も含むすべてを指す。それに対し、堆肥は有機質のもののことをいう。つまり、化学肥料は肥料であり、堆肥ではない。生ごみ堆肥や腐葉土は、肥料であり、堆肥である。

化学肥料はもともと火薬であった。いや、むしろ火薬との関係でいえば、堆肥のほうが歴史が古い。日本に鉄砲が伝わったのは、1543年と言われている。その後、戦国大名たちは鉄砲を多く使った。さて、その当時、化

学物質もないのに、どうやって、火薬をつくっていたのだろう？　その原料は硝石、硫黄、木炭などで、硝石の多くは中国からの輸入に頼っていた。だが、『知られざる白川郷　床下の焔硝が村をつくった』（馬路泰藏、風媒社）によると、白川郷の合掌家屋の床下の土を化学分析した結果、江戸時代に硝石をつくるために、人尿、蚕糞、野草などを材料とし、土壌微生物のはたらきを利用していたことがわかったという。つまり、硝石をつくるためには窒素が必要で、窒素は堆肥からできるので、火薬を堆肥からつくっていたと言えるわけだ。

その後、化学の発達により、火薬は化学的な方法でつくられるようになったが、第二次世界大戦が終結し、火薬を大量に使わなくなると、その戦争の技術を農業などに転用し、化学肥料がつくられるようになったのである。

有機質の堆肥なら安全か？

有機質の堆肥にも注意が必要だ。

鶏糞や牛糞は、餌に混ぜられた抗生物質やホルモン剤が残留しているし、油かすなども、近年では油は絞っているのではなく、化学薬品で抽出する方法がほとんどなので、化学物質が残っている場合がある。

薪ストーブがあれば、燃え殻は草木灰として庭づくりに役立つ

「完熟腐葉土」にも薬品を使って葉を茶色にするものがあるので、安心できない。腐葉土を購入する場合は、国産のもので、化学的な処理をしていないものを選ぼう。木酢液などもそうだが、大量販売・大安売りの商品には何か理由があるわけで、注意が必要だ。可能な人は生ごみや落ち葉から堆肥をつくろう。自分でつくる――これが一番安心できるうえに、庭での循環をかなえる方法だ。

石灰については、気をつけないと発火したり、ガスを

カルシウムを主成分とする資材の特徴と違い		
種類	液性	特徴・目的
消石灰	強アルカリ	アルカリ性がとても強く、酸性土壌を速やかに中和する目的で使われる。窒素肥料との化学反応でアンモニアガスが発生したり、皮膚かぶれなどの危険もあるため取り扱い注意。
生石灰《せいせっかい》	強アルカリ	石灰資材の中で酸性中和力がもっとも高い。水と反応すると発火するほどの高熱を発するため取り扱い注意。
有機石灰	アルカリ性	カキやホタテなどの貝殻、卵の殻などを粉末にしたものなどがあり、主成分は炭酸カルシウムです。水に溶けにくい性質がありますが、穏やかに中和していくため、土が硬くなったりなどの失敗が少ない。
苦土石灰	アルカリ性	炭酸カルシウムの他に炭酸マグネシウムが含まれている点が特徴。カルシウムと同時にマグネシウムを補給したい時に用いる。
硝酸カルシウム	中性	通称ノルチッソ。水によく溶けるため少量でも効くが、その分雨などで流れやすい。中性なので土壌をアルカリ性にしたくない時などに使う。
草木灰	アルカリ性	カリウムが多いのが特徴だが、何を焼いたか、どう焼いたかによって成分が異なる。原料が木だとカルシウムが多くなるが、雑草などだとあまり含まれない点は注意。速効性があるため追肥のように土の上からまくことが多い。
籾殻くん炭	アルカリ性	カルシウムも含むがカリウムとケイ酸がより多い。フカフカで根が張りやすく微生物が住みやすい土にしたい時に、土の中に混ぜて使うことが多い。

引用元：マイナビ農業　むやみに使うとアブない！石灰との上手な付き合い方【畑は小さな大自然 vol.25】
https://agri.mynavi.jp/2019_01_17_55544/?fbclid=IwAR1SO6W QfWYHys6-NiR8TtO1ToYdGORQuma8Y5qnPEQkyT-5stJM62n6PgM

発生したりするものもあるし、使いすぎると土がカチカチになる。私たちとしては、カキやホタテなどの貝殻、卵の殻などを粉末にした有機石灰をおすすめしたい。雑草や剪定枝をゆっくりと焼いてできた草木灰《そうもくばい》も土壌改良にはおすすめだ。草木灰は土壌改良だけではなく、食害する虫を忌避するのにも用いられる。

なお、落ち葉や枯れ葉は時間が経てば腐植（土壌有機物）となり、土の粒子をつなぎ合わせる役目もしてくれる。

また、雑草はそこにある土の足りないものを補うように生えてくる。固い土には深根性のものが生えて土をほぐし、酸性土壌にはカルシウムの豊富なスギナなどが生えて中和してくれる。つまり、土壌改良してくれる存在なのだ。

生き物の来る庭

じつは庭にはたくさんの生き物がいる。子どもの夏休みに、公園や森へ行くのもよいが、自宅の庭だけでの昆虫採集なども、夏休みの課題としてはおもしろいかもしれない。

鳥

そんな庭に来てほしい生き物と言えば、一番は鳥だろうか。それも、シジュウカラやメジロなどの小型の鳥。それには、巣箱はもちろんのこと、鳥の餌台（バードフィーダー）、浅い皿の水場などがあるとよい。もちろん、鳥の好む実のなる木も。柿の実をつつく姿はよく見るが、冬に食料が乏しくなると、クチナシの実や正月の寄せ植えの葉牡丹もつついている。

また、特別に何かを用意しなくても、メジロやヒヨド

上：エナガ（撮影：香川淳）
下：キビタキ

読者カード

ご愛読ありがとうございます。本カードを小社の企画の参考にさせていただきたく存じます。ご感想は、匿名にて公表させていただく場合がございます。また、小社より新刊案内などを送らせていただくことがあります。個人情報につきましては、適切に管理し第三者への提供はいたしません。ご協力ありがとうございました。

ご購入された書籍をご記入ください。

本書を何で最初にお知りになりましたか？
□書店　□新聞・雑誌（　　　　）□テレビ・ラジオ（　　　　　）
□インターネットの検索で（　　　　　）□人から（口コミ・ネット）
□（　　　　　　）の書評を読んで　□その他（　　　　　　　）

ご購入の動機（複数回答可）
□テーマに関心があった　□内容、構成が良さそうだった
□著者　□表紙が気に入った　□その他（　　　　　　　　）

今、いちばん関心のあることを教えてください。

最近、購入された書籍を教えてください。

本書のご感想、読みたいテーマ、今後の出版物へのご希望など

□総合図書目録（無料）の送付を希望する方はチェックして下さい。
＊新刊情報などが届くメールマガジンの申し込みは小社ホームページ（http://www.tsukiji-shokan.co.jp）にて

郵 便 は が き

料金受取人払郵便

晴海局承認

7422

差出有効期間
2024年 8月
1日まで

1 0 4 8 7 8 2

9 0 5

東京都中央区築地7-4-4-201

築地書館 読書カード係 行

お名前	年齢	性別	男・女
ご住所 〒			
電話番号			
ご職業（お勤め先）			

購入申込書 このはがきは、当社書籍の注文書としてもお使いいただけます。

ご注文される書名	冊数

ご指定書店名　ご自宅への直送（発送料300円）をご希望の方は記入しないでください。

tel

リは庭木に巣をつくることがある。なんと、ひとつの庭で4つの巣を見つけたこともある。

歳時記に「鵙《もず》日和」という季語がある。秋晴れの中でモズがキチキチ鳴いている……こんな日を鵙日和というのだろう。だが、この鳴き声はそんなのどかなものではなくて、じつはモズはテリトリーを宣言しているのだ。「ここはオレの土地、これはオレの木」と。私たちが剪定を始めると鳴きだすのは、さしずめ「オマエ、こんなところで何やってんだよ！」というようなところであろう。

モズと言えば、庭木の手入れをしていると、たまに奇妙なものを見つけることがある。「モズの早贄《はやにえ》」だ。棘《とげ》のある木や、梅の棘状の小枝などに、カマキリやトカゲが串刺しになっている。時には干からびてミイラ状態になっているものもある。この早贄、小さいものではミミズ、大きいものでは、なんとネズミ、モグラ、スズメやシジュウカラなどの小鳥類も串刺しにする。

なぜ、モズが早贄をするのか、大阪市立大学大学院理学研究科の西田有佑特任講師、北海道大学大学院理学研究院の高木昌興教授らの共同研究グループが、２０１９年に解明したところによると、メスの獲得に重要な「歌の質」を高めるためだということがわかったという。早贄を食べて、しっかりと体力のついたオスの鳴き声は、とてもきれいになり、繁殖期のメスにモテるということらしい。ドライフルーツや干物のように乾かしたほうが栄養価が上がるということなのだろうか？

ところが、そういう鳥たちも、近年はめっきりと個体数が減っている。生態系ピラミッドの頂点にいる猛禽類は、世界に５５０種類確認されているが、国際自然保護連合によればそのうちの18％に絶滅のおそれがあり、13％は準絶滅危惧種となっている。さらに、52％で個体数が減っている（英国バードライフ・インターナショナルの調査による。２０１９年1月に発表）。

上：モズの早贄のトカゲ
下：モズ
（撮影：ともに香川淳）

細い竹を束ねて吊るしておくと、ドロバチやカリバチの仲間がやって来て、卵を産んで泥で竹の穴に蓋をしていく。竹筒の中は泥の壁で何部屋かに仕切られていて、それぞれの部屋に卵を産みつけて、孵化した子どもの餌として、親に麻酔を打たれたイモムシやクモやキリギリスなどが入れられ、仮死状態のまま食べられる。

どの虫を餌とするかはハチの種類によって違う。ドロバチやカリバチの仲間は種類が多く単独で行動していて、普通は人が刺されることはまずない。

チョウが来る庭も魅力的だ。チョウの生態を調べ、好む植物を植えればやって来る。アゲハの仲間なら、サンショウやかんきつ類、オオスカシバというハチドリのように花の蜜を吸うガなら、クチナシというように。普段はいろいろな花の蜜を吸っているが、いずれも産卵のために特定の木にやって来る。

また、ブッドレアの花はいろいろなチョウやガが好むため、「バタフライブッシュ」と呼ばれている。日本ではガは嫌われ者だが、フランス語でパピヨンと言えばガもチョウも含まれるように、そんなに区別はしない国もあるようだ。実際、昼間に飛ぶガもけっこういて、形や模様の美しいものも多い。オオスカシバもそうだがスズメガの仲間は昼間もよく見かける。ジェット機のような三角形の羽をもち、模様はシャープなラインだったり、緑やピンクが何重にも重なるグラデーションだったり、不思議なパズルのようだったりと見飽きることがない。注意して見れば、庭ではチョウよりもガのほうが多いか

我が家の作業場の片隅につくられていたドロバチの高層マンション

ブッドレアに来たセセリチョウの仲間

もしれない。夜行性のガは、昼は葉陰や幹にじっと止まっていたりする。

夜、庭でライトトラップをやると昼間には見られない虫に出会える。ライトトラップとは、シーツのような白布をスクリーンのように張ってライトを当て、部屋や周りの照明をできるだけ暗くして、光に寄ってくる虫を観察する方法だ。天候や気温で集まり具合は違ってくる。強力なライトを使い、山や森などで本格的に虫の採集を

軒下に吊るしたインセクトホテル。どんな虫がやって来るかはお楽しみ。そのためにもよく観察してみよう！

竹筒を束ねてつくったドロバチ用の巣。竹筒にコケ類を詰めて育室をつくるアルマンアナバチやキバネアナバチがよく使っている

することにも使われるが、生態系や近隣の住宅への影響が大きいため禁止されている地域もある。自宅の庭以外でやるときは注意が必要だ。

クモが巣を張れるような場所をつくってやることも楽しい。トリノフンダマシやオニグモなどは、夜ごと巣を張っては明け方には畳んでしまう。巣を張る様子はじつに不思議で見飽きない。私たちはオニグモが巣を張る様子を、最初から終わりまで1時間近く見ていたことがあるが、感動するしかなかった。そういう体験をできるのが庭だ。

クモの糸が1本だけ張られているのを見かけることがある。巣を張るのを途中でやめたのかなと思ってよく見ると、小さい松葉のようなものが引っかかっている。ちょっと触れると動き出す。前後に細く伸ばしていた脚が8本フワッと開く。細長い体に脚が8本、調べるとオナガグモ。クモを食べるクモだ。1本張った糸はほかのクモを誘き寄せるトラップ。普通、クモが巣を張るとき、最初の1本が大変らしい。風に糸を流して近くの枝か柱にくっつくのを待つ。そこからようやく巣づくりが始まる。だから、1本の糸が張り残されているのを見つけて、しめしめと思うのだろう。すぐに巣づくりが始められると。そうしていそいそと糸をつたって来るクモを、オナガグモが仕留める。

一方で巣をつくらないクモもいる。徘徊性のクモと呼ばれるもので、意外と多くの種類がいる。カニグモの仲間は花びらの裏に隠れて、蜜を吸いに来る虫を獲る。アシダカグモは大型の

夜ごと巣を張るオニグモ

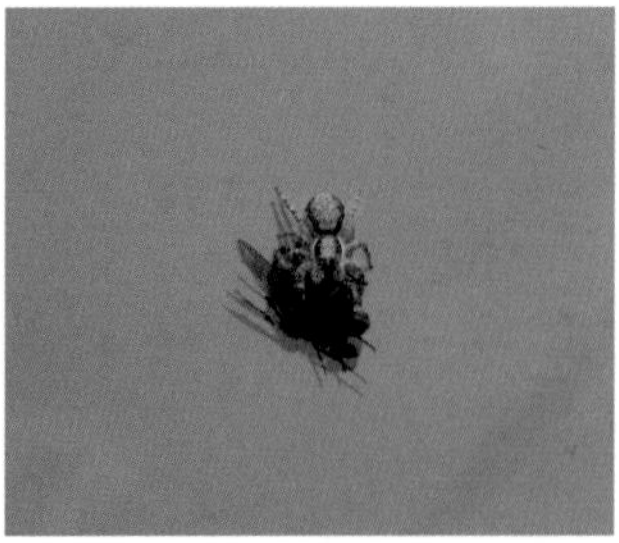

小さなアブを捕らえたシラヒゲハエトリ

ダリアに来たササグモ

クモで、初めて見たときタランチュラか？と驚いたが、形が違う。細身で脚が長い。たまに家の中で見かけるアシダカグモはゴキブリ等の虫を食べる。

ほかによく見かけるものにハエトリグモがいる。小さなクモで、低く跳ねるように移動する。進行方向に手を出すとピョンと乗ってくる。跳ねようとするので、もう一方の手を出すと、その手に跳び乗る。何回か繰り返して、飽きると糸をすーっと伸ばして降りていく。あるとき、ハエトリグモが、アリの前で前脚2本を掲げてくるくると回しながら8の字を描くように動くと、アリは催眠術でもかけられたように動かなくなり、ハエトリグモにぱくりと食べられてしまったのを見たことがある。そう、アオオビハエトリはアリを好んで食べるクモなのだ。

生き物を招く

水鉢があるとトンボやカエルがやって来る。我が家ではツチガエルが常連だ。メダカを数匹入れて餌をやらずにおくと、ボウフラを食べるので、蚊の心配は少ない。最近、数を減らしてきてはいるが、トカゲたちも庭でいろいろな生き物を食べて生きている。時には、庭木の枝を使って脱皮しているらしく、枝に抜け殻が引っかかっていることもある。

生き物好きが高じて、うちの庭にインセクトホテルをつくった。階ごとに素材を変えて、松ぼっくりや小枝、竹筒などを入れて、多種多様な生き物を呼び込む。地面には石や瓦を積み、爬虫類《はちゅうるい》や両生類の隠れ家となるようにしている。

インセクトホテルをつくって以来、我が家にはアズマヒキガエルが棲みつき、それ以来ナメクジの姿を見ることが少なくなった。アズマヒキガエルはナメクジが大好物なのである。

ボケに引っかかっていたトカゲの抜け殻

ペット

最近は「コンパニオン・アニマル」と言うそうだが、飼い犬や飼い猫のことも考えてみたい。

お客さんのところで、飼っていた老犬が、同居の父親が除草剤を撒いた直後に亡くなってしまったという話を聞いたことがある。農薬は空気よりも重く、地表近くに溜まりやすく、数日間は残留して揮発するので、除草剤のせいもあったのではないかと思っている。また、ホームセンターで買った木製の収納で、猫が爪とぎをしていたら死んでしまったという話も聞いた。おそらく、木材に防腐剤や防蟻剤がしみ込ませてあったのだろう。

生き物を飼っている庭では、化学物質にはよくよく気をつけてもらいたい。小さな子どものいる家でも同様だ。

インセクトホテル。上から、空き室、竹筒、木の枝を詰め、地面には石や瓦を積む。空き室はハチ類が棲むかと思いきや、ヤモリが棲みついた

ナメクジが大好きなアズマヒキガエル

そういえば以前、家の近くに棲みついた野良猫の親子に防寒用の避難所になるベンチをつくったことがある。塗装はもちろん、自然塗料である。結局、この猫の親子は我が家の飼い猫になって家の中へ入ったのだが、地域猫のためにこんなベンチがあちこちにあったら、冬の寒さをしのげるのではないだろうか？　ちなみにトルコでは街の公共スペースに野良猫のためのホテルがあり、あまりにも立派で驚きうらやましくなってしまう。

庭はもっとも身近な自然。農薬を使わなければ、たくさんの生き物がやって来る。庭のコンシェルジュになって、いろいろな生き物を庭に呼び込んでみよう！

とはいっても、自分の好んだ生き物だけがやって来るわけではない。時には、アブラムシやチャドクガなど、食害する虫たちが大量に発生することがある。だがそれは、庭の生態系バランスが崩れていることを知らせてくれているのだ。その場合も、農薬に頼らず、オーガニック・スプレーや捕殺などの方法であわてず対処してほしい。そして、風通しが悪いのか、天敵が少ないのかなど、根本的な理由を考えてもらいたい。

アブラムシはテントウムシの主食だし、チャドクガがいなければ繁殖できないハチがいる。どんな虫も生態系の一部なのだから。

庭で生き物との暮らしを楽しむ
①人間と猫が一緒に使える猫ベンチ
②シジュウカラの巣立ち
③オオミズアオの幼虫
④ナミテントウの交尾

循環する庭

庭でごみとして扱っていたものを再利用したり、土に還したりできれば、どんなにエコだろう。オーガニックで地球に寄り添う庭を目指すなら、一度ならず考えるはずだ。そしてじつは、自分が思いたてば、今、自分のいるところから循環を始めることができるのだ。

落ち葉

まずは一番に考えるものは、落ち葉だろう。よく、落ち葉は土に還るので、そのままにしておくという人がいる。だが、落ち葉で越冬する病虫害を引き起こす菌や虫たちもいるので、あまりおすすめしない。それに、そのままにしておくと分解速度も遅い。

そこで、落ち葉を掃き集めて落ち葉コンポストに入れる。ある程度広い場所を確保できるのであれば、集めておくだけでも落ち葉堆肥になる。だが、それでは雑然としすぎるし、先述の通り病虫害が起こると困る。そこで、跳び箱式コンポストボックスがおすすめだ。これであれば、箱ひとつで済むし、隣に箱と同じ大きさの空間があれば、切り返しもできて最小スペースで落ち葉を堆肥化できる。

　コンポストボックスは、跳び箱のように枠を重ねて箱にし、地面に直接触れないようレンガなどを台にして置く（①）。落ち葉を投入していき、いっぱいになったら、蓋をしてしばらく置いておく。

　ある程度の期間が経過したら、切り返しをする。切り返しの仕方は、蓋を取り一番上の枠をそっと外して隣のスペースに置く（②）。枠を外した後の、ある程度分解の進んでいる落ち葉を、隣に置いた枠の中に入れていく（③）。

　次に2段目を外したら、隣に置いた1段目の上に置く。そして2段目の枠の中に、残った落ち葉を入れていく（④）。残った枠も同じようにして、隣に置いた2段目の上に載せ、落ち葉を入れていく（⑤）。

　もし落ち葉が乾いていたら、ジョウロで上から水を撒いて水分補給をする。

　ところで、日本のミミズは落ち葉コンポストに来るが、生ごみコンポストには来ない。どうやら食性が違うらしい。一時期はやった生ごみ用ミミズコンポストのミミズは、海外からの輸入である。

　あえて庭の片隅に落ち葉を積んだ小さな場所を残してお

落ち葉コンポストに来たミミズ

くと、ヒキガエルが越冬することもあるので、スポットとして、そういう場所をつくっておくのもいいかもしれない。ヒキガエルの大好物はナメクジなので、庭にいてくれると、ナメクジ被害が激減すること請け合いだ。

生ごみコンポスト

家庭で出た生ごみも捨てればただのごみ、活かせば宝。水分を含んだ生ごみを可燃ごみとして燃やすと、焼却炉の温度を下げてしまい、ダイオキシンなどの有害物質が発生しやすくなる。しかも水分で重いので、収集段階でもクリーンセンター等の焼却段階でも多くのエネルギーを必要とし、環境負荷が高い。

そんな生ごみも堆肥にすることで資源になる。家庭用のコンポストボックスがいろいろあるが、構造的に攪拌や水分調整のしにくいものは、生ごみが腐敗して悪臭が出やすい。また電動乾燥式のものは、見かけは褐色で体積も小さくなり堆肥のようになるが、乾燥しただけで発酵はしていないため、水分を含むとカビが生えたり、ナメクジが発生したりすることがあるので注意が必要だ。

堆肥は、生ごみ等の有機物が菌によって無機物に分解されることでできる。

菌は、好気性細菌（酸素を必要とする菌）と、嫌気性細菌（酸素を嫌う菌）の大きく2種類に分けられる。コンポストでは、水分が多くグチャッとしていると嫌気性細菌が繁殖して「腐敗」となり、悪臭が出てウジも発生する。水分調整ができてほどよくしっとりしていると好気性細菌の繁殖で「発酵」となり、香ばしい土のにおいになってくる。好気性細菌が活動するには含水率60％がよいとされている。感覚的には、ほどよく湿った土の感じで、手で握れば団子にはなるが、払えばパラパラと落ちて手に土が残らないくらい。これより水分が少ないと団子にはならず、水分が多いと手で払っても汚れが残る。最終的に堆肥は乾いた土のようになるので、扱いやすい。

菌による分解は発酵や腐敗と呼ばれ、発酵は人の役に立ち、腐敗は人の役に立たないものとされるが、はっきりとは分けられない。コンポストでは嫌気性は腐敗、好気性は発酵となるが、たいがいの発酵食品は嫌気性細菌によるものである。しかし、中には強烈な腐敗臭のする発酵食品もあるので、要は受けとる人間の感覚次第なのかもしれない。

ここでは、底のない3つの木箱を使って効率よく切り返しを行うひきち式コンポストボックスで好気性細菌による「発酵」した堆肥をつくるための、簡単なポイントをあげてみよう。

①置く場所は、なるべく日当たりのよいところ

軒、庇《ひさし》が出ているところであれば、木製でも10年以上長持ちする（その条件で我が家では20年使っていて、まだまだ使えそう）。日当たりがよければ、分解菌の活動が活発になるため、早く完熟する。しかし、その条件が満たされないところでも大丈夫！　畳1枚分のスペースがあれば、どこでも設置することができる。

②生ごみの水を切る

コンポストボックスに入れる前の生ごみの水は、できるだけ切るようにする。生ごみを一度新聞紙で受けると、かなり水が切れる。

③乾いた土を用意する

一番目の箱に生ごみを入れたら、土を必ずかける。土はよく乾いているものを使うとよい。

生ごみを入れるコンポストボックスの横に、蓋付きの大型のブリキバケツなどを置き、乾いた土を入れておくと、雨で濡れることもなく、すぐに土をまぶすことができる。「まぶす」とは、生ごみが全体にうっすらと土で覆われる感じをイメージするとよい。専用の「土すくい」のようなものを入れておくと便利だ。

ホームセンターなどで売っている「黒土」の中には、

コンポストボックスの隣に乾いた土入れを置くと作業がしやすい

ほとんどが微生物の死滅した「焼き土」というのもあるが、最初はそれでもかまわない。そのうちにだんだん微生物が増えていく。

買った黒土が湿っぽいようであれば、天気のよい日にレジャーシートなどに広げ、よく乾かして水分を飛ばす。そして生ごみにまぶすようにかける。土を入れすぎると水分が少なくなりすぎて、微生物が活動しにくくなる。また、土が少なすぎると虫が湧いてしまう。その加減は使いながら試行錯誤してみてほしい。

④切り返しで水分調整

一番目の箱がいっぱいになったら、次の箱に移し替える。これが切り返しになる。そのときに、水分が多ければ土を足し、少なければジョウロなどで水を足して水分調整する。

このとき、ぎゅうぎゅう詰め込まないことも大切だ。詰め込みすぎて空気の隙間がなくなると、好気性細菌の働きが悪くなる。

この切り返しのときに使うスコップは、四角くて通称

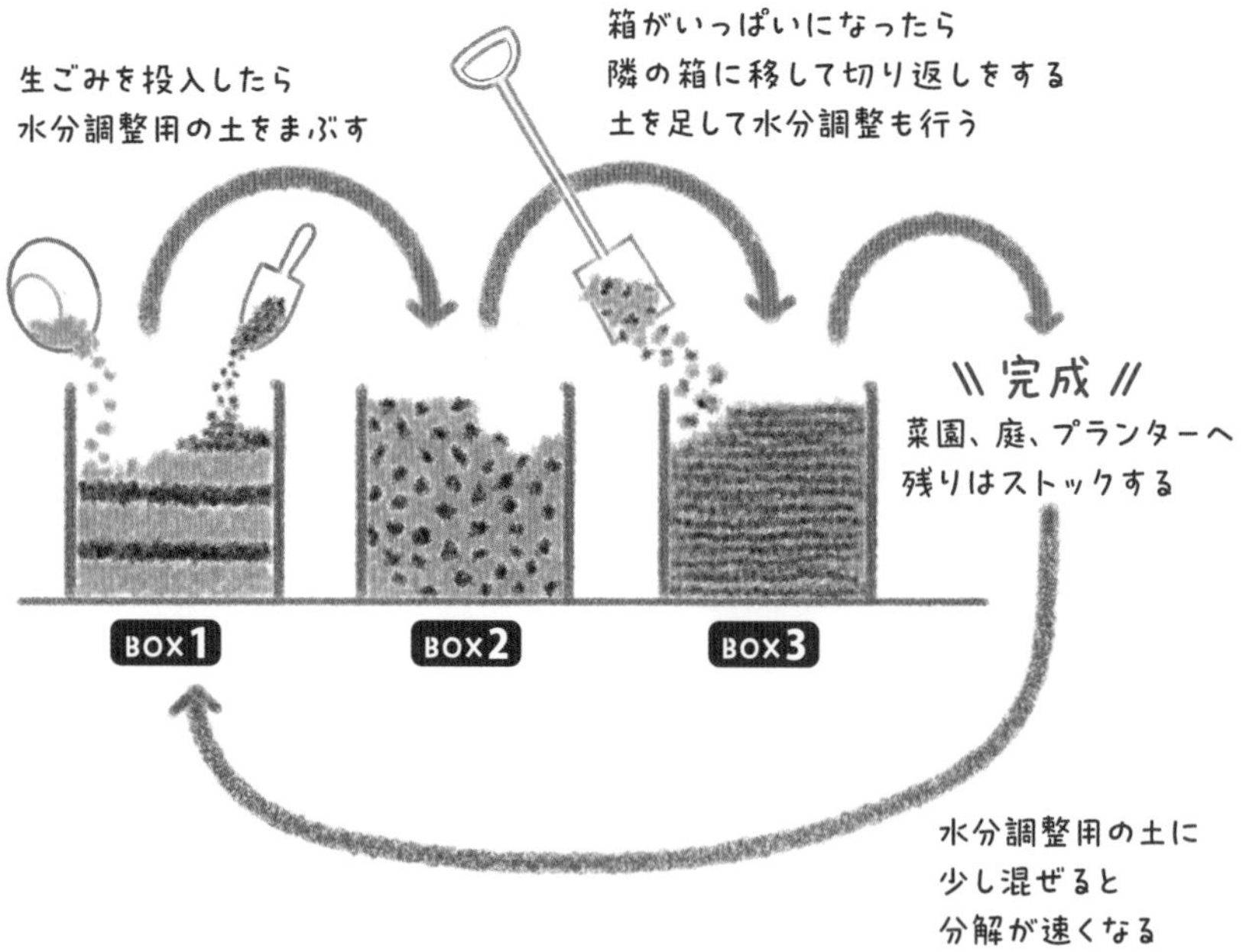
生ごみを投入したら
水分調整用の土をまぶす
箱がいっぱいになったら
隣の箱に移して切り返しをする
土を足して水分調整も行う
完成
菜園、庭、プランターへ
残りはストックする
BOX1
BOX2
BOX3
水分調整用の土に
少し混ぜると
分解が速くなる

「角スコ」と呼ばれているものが使いやすい。「角スコ」には大と小の2サイズがあるが、使いやすい。小さいサイズのほうがコンポストボックスに入りやすく使いやすい。

⑤堆肥は次の「タネ」にする

さてこうやって、またまた1番目の箱が生ごみでいっぱいになったら、すでに切り返してある2番目の箱を3番目の箱に切り返す。同じように1番目の箱を2番目に切り返す。こうやって、常に1番目の箱に生ごみを入れていく。

分解スピードの速い夏などは、あっという間に3個目の箱まで分解が進み、堆肥ができあがってしまうことがある。堆肥としてすぐ使う予定がなければ、黒土を入れていた容器に戻し、まぶすときの土として再利用する。そうすると、その家々に合った微生物が増え、分解速度が速くなる。堆肥としてどんどん使いたい場合は、パンやヨーグルトをつくるときのように、一握りか二握りの堆肥を1番目の箱に混ぜるようにするとよい。

堆肥としてとっておきたい場合は、ホームセンターなどで売っている土嚢袋《どのうぶくろ》や麻袋に入れて雨のかからないところに保存する。また、冬の微生物の働きが活発でないときには、3番目の箱がまだ堆肥になっていない場合もある。そのときにも、土嚢袋に入れておけば、袋の中で発酵が進み夏までには完熟になっていることだろう。

貝や卵の殻は分解しないので、形が残ったままになるが、長い目で見ればカルシウムなどミネラル分の補給になる。土に撒いたときの見栄えをあまり気にしないのであれば、コンポストに混ざったままでもいっこうに差し支えないし、気になるようなら、一度ふるいにかけてから使うとよい。ふるいに残った貝殻やトウモロコシの芯などは、住んでいる自治体の分別に従って捨てる。

⑥コンポスト・ティー

できあがったコンポストを土嚢袋や布袋に入れ、7日間ほどバケツなどで水に浸して抽出すると、コンポスト・ティーになる。「ティー」という名称ではあるが、人間が飲むためのものではない。

抽出液を水で10倍に薄め、葉面散布すると植物が病気になりにくくなる（詳しいつくり方や散布の仕方は、拙著『虫といっしょに庭づくり』『オーガニック植木屋の剪定術』〔ともに築地書館〕を参考にしてほしい）。

病気を防ぐ目的でこの液肥を葉面散布する場合は、液体石けんを1滴混ぜるとさらに効果があるそうだが、この場合、市販の合成洗剤（化学合成界面活性剤の添加されているもの）は液状であっても液体石けんとは言えないので、ご注意を。

コンポスト・ティーは、ハイドロカルチャーなどの土を使わないタイプの観葉植物の液肥としても利用できる。

続いて、生ごみコンポストボックスを使ううえで覚えておきたい注意事項をあげていく。

①春夏秋冬で分解速度は違う

冬は微生物の活動が休止しやすく、分解速度が10分の1ぐらいに落ちる。寒い地方では凍ってしまい、分解がまったく進まなくなることもあるが、春になって暖かくなると、また分解菌が活動し始めるので、冬は分解菌を冬眠させるような気持ちでいてほしい。

コンポストボックスはできるだけ日当たりのいいところに置くとよい。そういう場所がなくてもそれはそれ。分解速度が遅くなったり、冬に凍結してしまったりするだけで、春になればまた微生物たちの活動は復活する。あくまでも「できるだけ」という話。

寒い地方にお住まいの方は、真冬の間は少しコンポストをお休みにして、年末年始のごみ収集車が来ない間だけの使用にしてもいいかもしれない。もちろん、生ごみの量が少ない家では、コンポストが凍結しようが、そのまま使用してかまわない。だが、切り返しをすることと、土をまぶすことだけは忘れないように。

②虫の発生

夏場のスイカやメロンなど、生ごみに水分の多いものが増える季節は、ウジやコバエが発生しやすくなる。

ウジ（多くはコウカアブの幼虫）が発生したときは、水分が多いことを教えてくれていると考え、土を多めに入れ、かき混ぜてやると、そのまま死んでしまう。また、ごくごく小さなハエ（コバエなどと呼ばれるもの）が発生することもあるが、とくに気にしなくても大丈夫。生ごみが家の中になければ、入ってくることもほとんどなく、そのうちにいなくなる。

対処方法としては、土をまぶし、それでもまだいるようなら、さらに土を多めにまぶす。それを繰り返すと、たいがいは2~3日で死んでしまう。死んだウジを取りのぞく必要はなく、これもまた立派な堆肥の一部となる。

なお、白いカビが発生するときがあるが、放線菌の場合がほとんどなので、心配せず、土をかけて少し混ぜる。

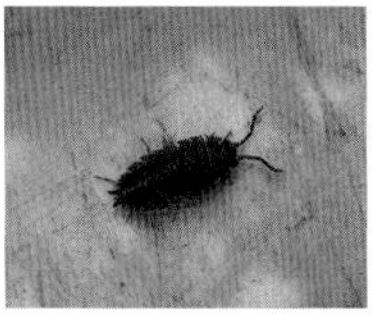
ワラジムシ（分解）

ダンゴムシ（分解）

アリ（分解・菌や虫を捕食）

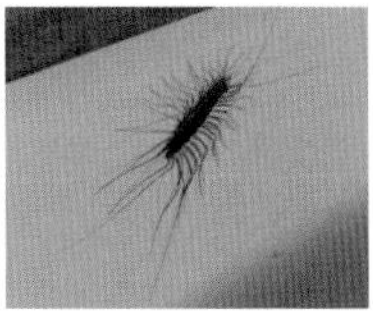
ゲジ（ゴキブリなど小さな虫を捕食）

ヤスデ（分解）

ゲジの抜け殻

放線菌は、生態系においては、落ち葉などの有機物の分解や物質循環に関わっており大きな役割を果たしている。また、緑色のカビが生ごみに発生することもあるが、それも大丈夫。土をまぶして様子を見る。

③コンポストによく発生する生き物

これらの虫は、分解を促進したり、ゴキブリなどの小さな虫を食べたりして生きているので、殺したりせず温かく見守ってほしい。

ひきち式のコンポストボックスは木でできているが腐りにくい。木を腐らせる腐朽菌が、生ごみを分解する多様な菌によって、繁殖しにくいからではないかと考えられる。

また、白い小さな虫が蓋の裏の湿ったところにびっしりと発生することもあるが、シロアリではない。シロアリは目で見てはっきりとわかる大きさなので、上の写真を参考

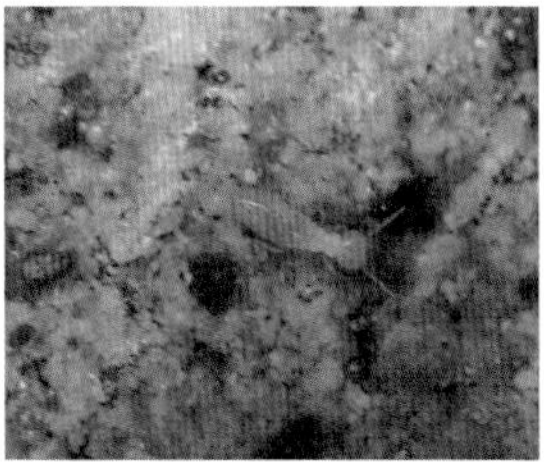
シロアリ（枯れた木を食べる）

にしてほしい。しかも、シロアリは、ほかの生物と接触することを嫌うので、コンポストボックスに寄りつくことはほとんどない。

また、1番目の箱が傷みやすいので、3個の箱の順番をときどき入れ替えると長持ちする。

雨水タンク

雨水も循環利用できる自然物だ。それを溜める雨水タンクを置いておくと、日常の水やりや災害などの非常時に役立つ。これに関しては「水を楽しむ庭」の章に詳しく書いているので、そちらを参照してもらいたい。

バイオネスト

庭に多少のスペースがある場合、バイオネストもおすすめだ。剪定ごみを鳥の巣状に積み上げて堆肥化しつつ虫や小動物の住処にしてもらうもので、ただ庭の片隅に積んでおくよりも見た目がいいし、生物の入れ替わりや土に還っていく様子も楽しめる。友人たちとわいわいつくってもおもしろいし、話題に事欠かない。

バイオネストのつくり方と経過①
右：最初に円形に太めの枝を立てて、剪定ごみを編むように積んでいく
左：積み上げた直後

ひとつ注意したいことは、土に還るのに、数年かかるので、毎年同じ場所に積んでいくのは難しいということ。できれば、毎年違う場所に新しいバイオネストをつくったほうが、堆肥化は早くできる。同じ場所で堆肥化したい場合は、枠などをつくって堆肥場とするほうがただ積むよりも庭が雑然としない。

バイオネストは私たちもまだ始めたばかりで、どういうふうになるか、研究中。これからの結果が楽しみである。

トイレ

トイレも循環する！と言うと、驚かれるかもしれない。水に流しておしまいのトイレに慣れている現代人にはイメージが湧きにくいかもしれないが、たとえば排泄物を微生物の力を借りて土に還すコンポストトイレ。排泄物は堆肥化できるので、庭の循環のひとつになる。庭にトイレがあると、地下足袋や長靴などの着脱がしにくい履物でも気にせずに用を足せるため、集中力を絶やさずに庭仕事ができるのも魅力だ。また、家の中の水洗トイレは災害などで断水や停電になると使えなくなる。水の汲

バイオネストのつくり方と経過②
右：積み上げた直後
左：１年後。周囲の草やツタに侵食され始めている

み置きで対処することもできるかもしれないが、コンポストトイレがあったり、ノグソができたりするとがぜん心強くなる。

　最近は、用を足した後におがくずなどを投入してハンドルを回すだけのバイオトイレというものもある。だが、それなりに費用もかかるので、庭にスペースがあれば穴を掘ってその中にするという方法が一番手っ取り早い。

　そのときに、トイレットペーパーは使わないこと。トイレットペーパーには、やわらかくそれでいて破れにくくするために、添加物や界面活性剤が使われている。また、なかなか土に還りにくい。そういった意味では、「循環」とは相いれないものである。どうしてもトイレットペーパーを使わざるを得ないときは、可燃物として別途処理する。

　そこで、重宝するものが、葉っぱ。蕗などはおしりを「拭く」から「フキ」という名前がついたとも一説に言われている。植物の中には、このように「しり拭き」に適した葉っぱも数多くあり、中にはトイレットペーパー以上の拭き心地のものもある。そのような植物を庭に常備しておくことも大切かもしれない。

　おすすめの木はギンドロ。この葉っぱはとても気持ちがいい拭き心地だ。ただし、繁殖力が強く大木になるので、定期的な剪定と実生の引き抜きは必要になる。ほかには、ギンヨウヒマワリ、ラムズイヤー。葉がビロード状の植物が向いているようだ。冬はどうしたらいいんだ⁉という人のためには、夏の間に生えたギボウシ（英名ホスタ）の葉を乾燥させて保存しておくと、冬でも使える。

トイレットペーパーの代わりになるフキ

ただし、葉っぱを水洗トイレに流すと詰まりの原因になるので、使わないでほしい。あくまでも土に還す場合の方法である。詳しくは伊沢正名さんによる『葉っぱのぐそをはじめよう』（山と渓谷社）を参照してほしい。

1回ずつ掘ってもいいし、1ヶ所を何回か使う場合は、ある程度深さを掘る。いっぱいになったら土を被せて、ほかの場所にまたつくり直す。いずれの場合も、次に同じところを掘らないように枝などで目印を立てておく。

また、水洗トイレの水を雨水でまかなう方法もある。これを「中水利用」という。

浄化槽で塩素を使わず、微生物分解させ、排水を地中配管から土中にしみ込ませる方法もある。

菌類

最後に、キノコ類の話をしよう。

庭木にキノコが生えると、枯れてしまうではないかと、とても心配する人がいる。だが、キノコが木を枯らしているのではなく、木が弱っていて成長しない、もしくは成長が遅いからキノコが生えるのだ。そうやって弱っている樹木を分解者である菌類が土に還そうとしている。木も生きているので、必ず寿命はある。だから、むりやりキノコを引きはがしたりせず、見守ってほしい。自然界のそういう営みを受け入れるということも、私たちには必要なのではないだろうか。

キノコがびっしり生えるような木は2~3年ぐらいで枯れることがある。道路際など、場所によっては危険なので、倒れる前に伐採する必要もある。

キノコが木を枯らすことはない。木の弱った部分に生える分解者だ

自然エネルギー

地球の力を借りる

庭園灯があると、夜でもふとしたときに窓から庭が見え、ほっとするときがある。しかし、家の中でもないのに電気を使うのは、なんだかもったいないような、贅沢なような気がする人もいるかもしれない。そんなときに頼りになるのが、自然エネルギーの風力発電やソーラーパネルだ。

　太陽光発電の原理が発見されたのが19世紀中ごろ。それから１９５０年代にアメリカの人工衛星で実用化され、日本では１９７３年のオイルショック以降、化石燃料が枯渇するのではないかと問題になり、注目された。その後１９８６年のチョルノービリ原子力発電所事故による地球規模での放射能汚染があり、それ以前からの石油化学製品や排出物による環境汚染が人体や生態系に及ぼす悪影響、化石燃料から排出される二酸化炭素による地球温暖化などと重なって再生可能エネルギーへの関心がさらに高まった。そして、ソーラーパネルは日本では２０００年ぐらいからようやく一般に普及し始めた。

　太陽や風は常に私たちのそばにある。東日本大震災発生以降、これらを有効活用しようとする人たちや団体が増えてきた。火力や水力、原子力などと違って、もっとローカルな熱源があってもいい。もっと言えば、むしろ地域に密着したものであるほうが、災害に強いのではないかという考えが広がってきた。しかし現状は、わざわざ山を切り開き自然を壊して大規模なソーラー発電施設がつくられ、土砂災害や動植物への影響などさまざまな環境破壊を引き起こしている。経済性が優先されると、環境を守るはずのものが環境を破壊することになる。

できる限り私たちの暮らしに根ざし、自分でまかなう部分も増やしつつ、地域が、社会が、自然に負荷をかけない方法にシフトしていけたらと思う。

ソーラーパネル

我が家では母屋の屋根にソーラーパネル（１４０Ｗ）2枚を設置して、ゴルフカート用の中古バッテリーに蓄電して使っている。電力会社の配線にはつながない独立系なので、直流12Ｖを庭の照明に使っている。コントローラーで日没から時間設定して点灯・消灯ができる。インバーターで交流１００Ｖに変換できるので、停電時の非常用電源にもなる。まず冷蔵庫をつなぐ、連続テレビドラマも見逃さずに済む。

一方、系統連系はソーラーシステムを電力会社の配線とつなぎ、余剰の発電分を電力会社に売る仕組みだ。ただし、基本的に停電時にはソーラーパネルの電気も使えなくなることがあるので、蓄電システムを備えておくとよい。

今は、ソーラーパネル関係はいろいろなシステムや製品が出ているので、日常的にも非常用にも手軽に使えるものが選べる。

夜にほっとできる庭園灯も、自家発電した電気を使うならもったいなくない

注意が必要なのは、ソーラーパネルが台風などで脱落した場合、光が当たると発電するので、安易に触れると感電の危険があること。そして破損した場合や廃棄の際に鉛やセレン、カドミウムなどの有害物質が流出する可能性があること。快適・安全に使うためにも、保守や廃棄はきちんとしなければならない。

太陽温水器

今ではほとんど見ることがないが、水を屋根の上の集熱器に通して、太陽光で温めるというダイレクトな方法があった。不凍液などを使う現代の太陽温水器より効率的に思えるが、ソーラーパネルに場所を追われるようになくなってしまった。ソーラーの電気で温めたほうがシステム全体では効率がよいということなのだろうか。

簡単に太陽熱を利用することもできる。日当たりのいい、高いところ（物置の上など）に水を入れたポリタンク等を置き温め、ホースをつなげば子どもやペットのための温水シャワーになる。日なたのビニールプールは温水プールだ。これもソーラーエネルギーである。ただし、酷暑日などでは水温がかなり高くなることもあるので、やけどには注意したい。

蓄熱タイルとサンルーム

せっかく降り注ぐ太陽光、使えるのはソーラーパネルや湯沸かしだけではない。そのまま暖房として利用しよう。

たとえば、南向きの日の差し込む窓に面した床を蓄熱性のタイルにすれば、冬でも部屋の暖かさを夜まで保てる。サンルームなら、より積極的に太陽熱を取り込める。ガラスや壁を断熱構造にして床のタイルの下にコンクリート等の蓄熱性の層、その下を断熱層にすることで蓄熱効果が高められる。蓄熱の効果が高いというのは、比熱（温まりやすさや冷めにくさを数値化したもの）が高いということ。比熱の低い空気はすぐ暖まりすぐ冷める。比熱の高いタイルやコンクリートは暖まりにくく、冷めにくい。

季節によって太陽高度、つまり部屋への日差しの入り方が違うので、軒や庇の深さや高さの設定、シェード等の利用で、冬の低い日差しはできるだけ部屋の奥まで入るようにして太陽の熱を取り込み、夏の高い日差しは部屋に入らないようにして暑さを避ける。蓄熱性の床は天候に影響を受けるので、薪ストーブや床暖房と組み合わせると、より効率的に暖房効果を得られる。逆に夏は、一度冷えれば温まりにくいので、風通しや落葉樹の木陰、シェードや雨水タンクによる庭への散水などとの組み合わせで、自然な涼しさを得られる。

太陽光をコントロールすることで、冬も夏も光熱費を節約することができる。

薪

ソーラーエネルギーと言えば、薪もそうだ。樹木は太陽光で光合成をし、大きく育つ。そして薪や炭としてエネルギーになる。

樹木は大気中の二酸化炭素を吸収して育つので、燃やして二酸化炭素が出ても温室効果ガスとしては計算上プラスマイナス0である。薪は2年置いてよく乾かせば、煙が出にくくなる。詳しくは「火を楽しむ」の章を参考にしてほしい。

ソーラーエネルギーの昔ながらの使い方である薪は、長期間保存ができるのも利点。保管は雨が当たらないように屋根などで覆うこと。これはカヌーを屋根にしている

ソーラークッカー

太陽光で直接お湯を沸かせるのがソーラークッカーだ。ステンレスの反射板がパラボラアンテナのような半球状になっている。パラボラ（放物面）の反射板で集光された焦点の位置に枠があり、鍋やヤカンが置ける。晴れた日ならば直径20㎝ほどの鍋に八分目の水が20分ぐらいで沸騰する。もちろん調理もできる。

太陽にまっすぐ向けるために、ガイドになる2㎝ほどのネジが立っており、ネジの頭を太陽に向けて、ネジの影がなくなるように調整するとパラボラの反射板が太陽光を中心に集め鍋を加熱する。熱効率を維持するには、太陽の動きに合わせてこまめに（15分ごとぐらい）角度調整するとよい。脚は組み立て式で角度調整ができる。鍋を置く枠は常に水平になるように調整が可能だ。

太陽の熱を反射板で集めて調理するソーラークッカー。晴れていれば季節を問わず使用可能

設置作業の際、太陽および反射光を直接見ないよう注意すること。作業中はサングラスをするとよい。

熱効率は夏場が一番よいように思うが、同じように晴れた日であれば冬のほうがよい。冬、太陽高度は低くなるが、角度調整で太陽にまっすぐに向けられるので、夏も冬も受ける光線量は同じになる。むしろ冬のほうが大気の水蒸気量が少なく澄んでいるので、多くの太陽エネルギーを受けられる。ただ、夏場のほうが気温も水温も高いので、条件によって実際の沸騰時間は違ってくる。

冬の日溜まりで、ソーラークッカーでティータイムというのはいかが？

風力発電

風、そして雨や川の水の循環も太陽の力によるものである。太陽光で地面や水面が温められることによって、寒暖差が生じ、大気の膨張や圧縮、その気圧変化により気圧が高いところから低いところへ風が吹く。太陽光によって地球上の水分は、植物から蒸散、川や湖や海から蒸発して、水蒸気となり風に運ばれ雲となる。そして雨や雪となり大地と海に戻っていく。地球を包み込むように、風と水は循環し続ける。

風の力は昔から利用されてきた。考古学的記録によれば紀元前3000年ごろにはエジプトでは風の力で進む船、すなわち帆船を実用化していたらしい。その後発展を続け、大型の帆船が大洋を渡り、よくも悪くも世界をつないだ。

風車は紀元前3600年にはエジプトで灌漑用に使われていたらしい。10世紀ごろからイスラム圏や中国で、風車は動力として利用され、ヨーロッパに広まる。18世紀ごろからオランダで風車が干拓地の排水に使われ、19世紀になるとアメリカ中西部で多翼型の揚水風車がつくられ、牧場の灌漑や家畜の飲料水を汲み上げるのに広く使われた。西部劇でもたまに見かける。輸出もされ、モロッコなどで飲料水の確保に使われた。

その後、産業革命で化石燃料による動力が出現し、風車も帆船も衰退した。しかし風車の原理は現在では風力発電として利用され、再生可能エネルギーの重要な一つになっている。

風力発電機も家庭用の小型のものがいろいろと出ている。小型のものは発電量が限られるので、メインではなく、太陽光発電の補助的、緊急用としての使い方になる。小型のソーラーパネルと同じように、蓄電池と併せて限定的に一部の照明や換気扇用に使える。

風力発電機には大きく分けて、風を受ける羽根の回転軸が縦型のものと横型のものがある。よく見るのは海岸沿いや洋上に設置された大型風力発電機で、羽根が飛行機のプロペラのように回り、横軸を回転させて発電機を駆動する方式。常に風上に向くようにするために、小型のものであれば飛行機の垂直尾翼のような羽根をつけて、風見鶏のように風上に向ける。大型のものになると風向計で検知して、動力で風上に向くようにする。

大型のものは人家の近くでは低周波振動や風切り音が問題になる。また「バードストライク」といって鳥がプロペラに巻き込まれるような地域では、生態系への影響が懸念される。大型、小型を問わずプロペラ式のものは、台風などの強風による高回転で羽根の破損を防ぐためにブレーキで止めたり、風向きから逸らしたりして回転を制御する機構が必要になる。

縦軸型の風力発電機は、垂直の回転軸の周りに垂直に縦長の風受けブレードを複数枚取りつけたもの。機織りで使う木製の糸巻きのような形だ。ブレードの表は風を受け止める形状で、裏は風を逃がす形状になっている。表と裏の空気抵抗の違いでクルクル回る。どの方向から風が吹いても同じように回るので、風向きに合わせる機構がいらないのと、発電機を垂直の回転軸の下側に設置するので構造がシンプルにできる。横軸型より弱い風で起動し、駆動音も小さく強風時も回転が上がりにくい。発電効率は横軸型より劣るが、街なかでソーラーパネルと組み合わせて街灯などに使われている。機種によってブレードが湾曲したものや螺旋《らせん》状、貝殻を重ねたような形状などさまざまで、発電効率や特性が変わってくる。

最近、スペインで開発された風力発電機にはプロペラもブレードもない。つまり風を受けて回転する部分がない。高さ2・7mのロケットのような円筒形。下部は固定され、上部が揺れるようになっている。物体に風が当たって生じる周波数とその物体のもつ固有振動数が一致すると共振して振幅が増幅する渦励振《うずれいしん》という現象を利用して発電する。

発電機本体には、変化する風に合わせて固有振動を調整する機能があり、内蔵したコイルと磁石で発電する。構造がほかの風力発電に比べ可動部が少なくてシンプルなので、製造、メンテナンス、廃棄のコストは安く、大型化しても低周波や風切り音、バードストライクの問題はないという。日本ではどのような形で普及するのか楽しみである。たまに、大した風もなく木全体もほとんど揺れていないのに1カ所だけ枝先が小刻みに激しく動いているのを見かけることがある。その枝先が風と共振しているということなのだろうか？

日除けと風除け

緑があることによって太陽光や風をコントロールすることができる。家の南側に落葉樹があれば、夏は茂った葉が暑い日差しを遮り、冬は落葉して暖かい日差しを家

家の南側に落葉樹を植えると、季節に応じて室内の気温の調節に役立ってくれる（撮影：八巻秀房）

へ取り込む。木陰をつくり出す枝葉は大小の相似形が重なっていて、これはフラクタル構造と呼ばれ、屋根やシートの単純な物陰よりも温度を下げる効果がある。加えて植物の葉は蒸散によっても温度を下げることができる。

多くの恵みをもたらす太陽光だが、気をつけたいのは熱中症。日陰を追いかけて作業したり、朝夕の涼しい時間を選んだりして、がんばりすぎないことも大切だ。

昔から風の強い地域では高い生け垣を風除けにした。生け垣では風を完全には防げないが、風当たりをやわらかくしてくれる。コンクリートやブロックのような塀では、ビル風のように、回り込んだ風がかえって強くなったり、枯れ葉や雪の吹き溜まりになったりする。

完全に防がない風除けとして、韓国の済州島《チェジュド》では、隙間の空いた石垣を家の周りや畑のふち沿いに巡らせている。火山島であるこの島は玄武岩が豊富だ。石垣は、この表面がザラザラで黒くゴツゴツしたスイカほどの大きさの玄武岩を、岩と岩の間にこぶし大の隙間を空けて、胸の高さぐらいまで積み上げてある。スカスカに見える積み方はすぐにも崩れそうだが、意外にもザラザラとゴ

済州島の風通しのよい岩垣

ツゴツがしっかりかみ合って、長年の風雨を耐えている。隙間から風が抜けることで、強い風から石垣自体を守り、風をやわらげて畑の土と農作物を守ってきた。

水力発電

水力の利用の起源は紀元前2世紀までさかのぼり、水車は小アジア（現代のトルコ共和国のあたり）が発祥の地とされる。その後、世界各地に広がり、灌漑や製粉の動力として利用されてきた。日本の昔の田園風景でも水車はお馴染みである。

水力発電となると大きなダムを思い浮かべるが、今は小型の水力発電機が多種出ている。小さな流れに沈めるだけで使えるものや、配管の途中につけるもの、用水路に設置できるものなどだ。

日本は大小の河川や沢、用水路等が多いのでもっと利用されてもよいと思うが、あまり普及していない。

理由のひとつには、河川法に関連する水利権など、法的手続きが大変なことがある。それに取水部分が流れてきた枝葉などで詰まらないように常にメンテナンスが必要になる。しかし太陽光発電や風力発電の日照や風に比べれば、水の流れは安定していて、天候に関係なく発電できる。条件さえ許せば小型の発電設備として、補助的な使用や緊急用として有効だと思う。

水力を使う発電設備の設置には法的手続きが必要

COLUMN 05

ボスニア・ヘルツェゴビナのコミュニティ・ガーデン

ボスニア・ヘルツェゴビナでは１９９２年から3年半にわたり内戦が続き、25万人以上が命を落とし、２００万人以上が難民になったと言われている。さらに、かつてはいろいろな民族が交じり合い、仲よく暮らしていたというのに、戦後、民族の住み分けが進んでしまった。

そんな中、２０００年にコミュニティ・ガーデンのプロジェクトが立ち上がった。コンセプトは、もっとも争いの激しかった地域の近くにコミュニティ・ガーデンをつくること、異なる民族の人々に参加してもらうことだった。

最初は「私はセルビア人だ」「私はボシュニャク（ムスリム人）だ」と誇らしげに語っていた人々が、協同で働くことによって、民族ではなく「私はガーデナーだ」に変わっていったという。

敵同士だった人たちが働くことで、お互いのつらい経験をシェアすることができ、理解し合うようにもなった。敵同士だった2人は、「リーダーの言うことに従って動いていた結果、お互い殺し合い、憎しみ合っていた」と、まったく同じ経験を語って驚いたという。

また、戦争で息子を亡くした憎しみ合う民族同士の2人の女性は、作業を通じて苦しみを語り合い、ほかの人には理解できない経験を分かち合うことによって癒されていった。

これらの例は、コミュニティ・ガーデンがいかに人々の結びつきを強くしているかということの証だ。加えて、コミュニティ・ガーデンで野菜をつくることは、戦後の食料不足の緩和にもつながったという。

火を楽しむ庭

最近は焚火ができないのは当たり前で、何かを燃やそうものなら、消防署に通報されてしまうこともある。昔は、七輪が普通に家庭の常備品で、モクモクと煙を立てながら秋刀魚などを焼いていた。いまだに愛好者は多いようだが、最近はキャンプブームもあり、火を燃やす楽しさに目覚めた人も多いのではないだろうか。

週末に遠出してキャンプへ行くのも楽しいが、庭でキャンプの非日常感を味わうのも素敵だ。テントを張ったり流星群を観察したりできる、そんな庭には、野外炉やファイヤープレイス、石窯などがあるとより楽しい。

火を燃やす場所

私たちの考えた野外炉は3㎜厚の鉄板を二重構造にして、使用後蓋がきっちりと閉じて、熾火《おきび》が残っていても、風に吹かれて飛び散らないようになっているので、気軽に安全に使える。形はバーベキュー炉と同じようだが、バーベキュー炉と言ってしまうと用途が限定されてしまうので、「野外炉」と呼ぶ。小さな焚火として火だけを楽しんでもいいし、湯を沸かして茶を入れたり、もちろんバーベキューや料理、焼き芋を焼いたりもできる。

ファイヤープレイスは、地面を少し掘り込んでふちをレンガ等で囲み、雨水が周りから入り込むのを防ぐ。そして金属等の耐火性の蓋をする。やはり熾火の飛散と水濡れ防止のためだ。

レイズドベッドと組み合わせた野外炉

我が家のピザ窯

石窯は本格的なものでなくても、小型のものなら石材やレンガの組み立てキットがホームセンター等で購入できる。ただ、小さいなりに楽しむことはできると思うが、使い始めるとある程度の大きさがほしくなるだろう。ピザを焼くなら、最低でも直径20㎝ぐらいのものが楽に入る大きさ。パンは余熱で焼くので、窯の厚みと大きさが必要だ。我が家では、家の泥壁に使った泥の余りで、窯をつくった。人が大勢遊びに来たときや、イベントのときなど、次々と焼けるピザが大好評。友人のところも個性的な造形の窯をつくり、「アースオーブン」と呼んでいる。

薪

何を使って燃やすにせよ、薪は針葉樹でも紅葉樹でも、よく乾燥したものを使えば煙はそんなに出ない。薪ストーブで言えば、2年ぐらい乾燥させたものがよいとされる。

どんなふうに使うかで薪のストック量は変わるが、我が家の薪ストーブで2年分の場合、1台分の駐車場の両脇に片側2列で高さ1・8mに積むぐらいの量が必要になる。ちなみに薪ストーブの薪は広葉樹がよいとされる。非常用や楽しみで使う分には置き場所に困らないくらいの量でいいと思うし、フェンス兼用で薪置き場にするとか、枠がなくても薪だけをきれいに積み上げたらオブジェのようで美しい。

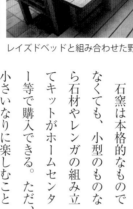

小屋状に薪を積み上げる、通称スイス積み（所有者：土屋順子、撮影：和久井道夫）

積んだ薪には、雨に濡れないように屋根をかける。屋根は板や杉皮、トタンやほかの屋根材など何でもよいが、風に飛ばされないようにする。まっすぐに降ってくる雨さえ避けられればよく、吹き込む雨に濡れるのは問題ない。シートなどで包むとカビが生えることがある。常にある程度の薪のストックがあれば、災害等でライフラインが途絶えたとき、暖を取ったり、調理をしたりできる。

薪は購入することができるが、時期によっては品切れになることもあるようなので注意しよう。自分で割る場合は、材の入手先と割る場所と道具や機械、それと覚悟が必要。薪集めのために軽トラを買った人、斧で割って頑張る人、チェーンソーや薪割り機を電動かエンジンかで悩む人。いずれにしても、暮らしの中で薪割りの優先順位を一番とは言わないまでも、かなり上位にしなければならないということはある。薪ストーブのある暮らしを「薪割り人生」と言った人もいる。

着火道具

それから、忘れてならないのが着火のための道具や資材だ。ライターは手軽だが、気温が低いとガスが気化せず着火しにくいことがある。これはカセットガス類でも同じである。寒くなる地域では寒冷地対応の器具があるとよい。予備として防水マッチや火打ち石、子どもの実験セットのような火起こしセットも役に立つかもしれない。

着火剤も、濡れても火のつくパラフィン製などが数種類出ているので備えておくとよいだろう。焚きつけとして、松ぼっくりや枯れた杉の葉なども使える。

手軽に使えるカセットガスを使う器具も、コンロやストーブ、ランプやバーナー等いろいろな器具が出ているので、普段の庭での楽しみや、いざというときの備えになる。煙が出ないような炭も売られているので、住宅街でも火を楽しめる。最近は、何でも燃やせるコンロ、野外用薪ストーブ、焚火台など安全に火を楽しめるキャンプ用品が多種出ている。

物を燃やす注意点

東日本大震災の発生後、少ない燃料で効率よく煮炊きができるロケットストーブに注目が集まっている。既製品が売られているが、自作する人も増えている。ただし、室内で暖房用として使う場合、薪を頻繁に供給し、強力に燃焼させて高温の排気が押し出される仕組みなので、蓄熱構造等の工夫が必要だ。一方、従来の薪ストーブは、薪をゆっくり効率よく燃焼させる構造になっている。

ロケットストーブや薪ストーブの一部の機種は、針葉樹でも広葉樹でもどんな木材でも燃やせるものがあるが、ひとつ気をつけたいのは建築廃材だ。建物の土台周りやウッドデッキ、ウッドフェンス等には防蟻剤や防腐剤を塗布、または浸透させたものがある。燃やすと、自宅どころか地域を有害な化学物質で汚染することになる。

また「無煙炭化器」というものを使って手軽に炭づくりをするのもよい。これは、木や枝を燃やすと、気化した木質ガスが空中で燃焼し、酸欠状態の炭化器内部に熱が伝わるため、木が灰にならず炭化される仕組みのもの（無煙といっても、煙がまったく出ないわけではない）。これをもっている友人は、剪定した枝や間引いた竹を畑で燃やしている。

廃棄物の利用方法として、バイオガスプラントがあれば、簡易水洗トイレをつないだり生ごみを投入したりして発生させたメタンガスを、燃料として調理や暖房、灯りに使える。小型発電機を回すこともできる。

無煙炭化器を使った炭づくり（出典：モキ製作所 HP、燃焼器・無煙炭化器）

水を楽しむ庭

人間が生活するうえで、食事、掃除、洗濯、入浴など、水は生活の中心をなす。また、水を便利に利用するだけでなく、大雨や台風による水害への備えも考えないといけない。昔から、水を利用し、水に困らされ、人間は生きてきた。備えがあるということを考えるとき、水のことも今一度目を向けてみたい。

水道

庭をつくるときに、水道をもっとめだつところに移動しようと提案すると、「庭で水道はあまり使わないので、必要ないのではないか?」と、しり込みする人が少なからずいる。だが、実際に移動してみると、「驚くほど水道を使うようになった」と、喜ばれることが多い。使わなかったのではなく、使おうにも使いにくかったのだ。

庭の水道は、目障りな邪魔者のように隅のほうに追いやられていることが多い。そのうえ、地面にある蓋を開けて、ホースを散水栓につながないと使えないものもある。それで、ホースリールをつけて使うのだが、それが便利そうに見えて意外に不便なのだ。ホースをまっすぐ伸ばすのはいいのだが、曲がり角があると、草花をなぎ倒し、鉢をひっくり返す。撒いた水がホースにかかると土でドロドロになる。それを巻きとるのは大変なので、どうせまた使うのだからと、そのまま放置される。そうするとなんだか庭が雑然として、庭に出るのが億劫になる。億劫になると、より庭が荒れる。その悪循環にはまる。

そうならないためには水場を使いやすくすることが重要になってくる。そのひとつの方法として、水場をフォーカルポイントとして庭の真ん中にもってくることをおすすめする。真ん中にあれば短いホースで庭全体に水やりができるし、ジョウロをもって庭の端から端まで歩かなくて済む。今は、庭用の水栓柱もシンクもいろいろなデザインのものが出ている。

ただ、あまり存在感がありすぎても、フォーカルポイントとして庭全体とのバランスが難しい。水道というだけで存在感があるので、できるだけシンプルにしたい。そこで水栓柱は使わずステンレス製の水道管をT字型に組んで立ち上げ、片方に水栓、もう片方にホース用のバルブをつけて、ホースを巻きかけるようにする。ステンレス管はそのままでも塗装をしてもよい。

シンクには鉢を使う。テラコッタのような素焼きのものは、寒い地域では冬にしみ込んだ水分が凍って割れることがある。形は丸でも四角でもいいが、バケツ等が置ける大きさがよい。鉢の口いっぱいまで砂利を入れて均《なら》し、バケツやジョウロが安定するようにする。砂利は表面がつるつるだと水がはねにくい。

保育園の水場。切り替えてシャワーも使える

庭の中心に水場を据える。シンクには砂利を詰めた鉢を使い、鉢の下の地中には砂利で浸透層をつくる

排水は、鉢の下の地中に砂利で浸透層をつくる。普通はバケツ2杯ぐらいを吸い込める大きさにする。菜園で採れた泥付きの野菜や道具を頻繁に洗うと浸透層が泥で埋まってしまうため、沈殿枡を通してから浸透枡に流れるようにする。庭の真ん中でないところで水道を使うのであれば、屋外用のタイルのシンクなどを使うのもいい。

冬に凍結する地域では、地面のツマミを回せば地中で止水と水抜きが同時にできるバルブを設置する。

作業台にもなる頑丈なベンチと組み合わせたり、ウッドデッキや植栽枡、レイズドベッドに組み込んだりして、水道としての存在感を薄めてやるのも手だ。

雨水タンク

誰しも雨の日は外に出るのが億劫になり鬱陶しい気分になるものだ。だが、植物や動物にとっては、雨は自然の恵み、大地を潤す。

私たちは、水道の蛇口をひねればいつでも水を飲むことができ、使うことができる。しかし、一旦地震などの災害で水道が止まると、飲み水に困り、風呂も水洗トイレも使えないことに気づかされる。

その一方で、日常的には雨水のほとんどは、雨樋《あまどい》や下水道を通って排水として処理されている。私たちも植物や動物たちのように、雨の恵みをじかに受けとることはできないだろうか。雨水を庭に溜め、有意義に使うことはできないかと考えられたのが、雨水タンクだ。

これのいいところは、水道工事をしなくても、または水道から遠いところでも、雨樋さえあれば溜めることができ、水やりなどに使えること。大きな水瓶や睡蓮鉢と組み合わせることもできる。何よりも塩素を含まない水は、植物にも動物にも優しいうえに、水道代もかからない。

材料は樹脂製、ドラム缶などからつくられているもの、ステンレス製などがある。置く場所は、ある程度の面積のある屋根の縦樋の近く。高さ70㎝ぐらいの台の上に設置すればバケツやジョウロに水が汲みやすく、自然水圧でホースも使える。もう少し高い位置に設置すれば、自然水圧が高くなるので、地中配管をして水道のようにも使える。


現代の暮らしでは、雨だれの音を静かに聞いたり、水溜まりに落ちる雨粒の波紋を時が経つのも忘れて眺めたりすることもなくなった。庭はそんなことを思い出す格好の場所だ。日常の暮らしの中で雨水を利用し、楽しむ仕掛けがあれば、いざというときの備えにもなり、心強い。

そのままでは飲み水には適さないが、最近は泥水さえも飲み水に変える小型の浄水器があるので、非常時にはそれらを使って飲み水とすることも可能だろう。自然の循環を生活に取り入れる第一歩となるものだ。

一方、安全に水道から水が直接飲める数少ない国と言

雨樋からの水を集める雨水タンク。庭の水撒きや、非常時には浄水器を使って飲み水として利用することもできる

われている日本だが、最近では、浄水器をつける人も増えている。地下水汚染や塩素などを気にする人が増えているからだ。水道の元につける大きなタイプのものでも、庭にスペースがあれば置くことができる。

あると楽しい設備

小川

私たちは最近、庭に小さな溝を掘って、雨のときだけ小川が流れるようにしている。縦樋や雨水タンクからのオーバーフローを流すように、園路の脇に溝を添わせて、緩く勾配をつければ庭全体の排水をよくしたり、植栽帯や菜園に浸透させたりできる。

流れ沿いに石を据えたり、下草を添えたりすると、ジオラマ的に大きな川のように見えてくる。これは日本庭園に通じるもので、小さな石を大きな岩に、小さな植え込みを大きな森に見立てて、そこに自然の流れを見る。流れの終わりは浸透枡や、少し窪地にして湿原風の植え込みにする。

保育園でこの小川をつくったとき、園児たちは大喜び。大人だけの個人の庭でも、雨が楽しみだと大変喜ばれた。実用も兼ねてこんな遊び心のある庭も楽しいのではないだろうか。

庭の端に溝を掘り、石を据えると立派な川になる。雨の日だけ楽しめる特別な景観だ

睡蓮鉢

ビオトープというと、本格的な水の流れをつくらなければならないと思われがちだが、そこまでしなくても、

庭の生態系のにぎわいをつくる睡蓮鉢。浮葉植物や浮き草は、目を和ませるだけでなくメダカの隠れ場にもなる

大きめの睡蓮鉢をひとつ置くだけで、多様な生物を呼び込むことができる。

ボウフラのことを心配する人もいるが、メダカや金魚を数匹入れておけば大丈夫。メダカの餌はボウフラなので、基本的に餌やりは不要。あまり小さな睡蓮鉢だと、夏に水温が上がりすぎてメダカや金魚が死んでしまうので、最低でも直径70㎝、深さ30㎝は必要だ。また、夏場は木陰になるような半日陰の場所に置くのもいいだろう。

トンボが産卵に来たり、ハチやほかの虫たち、小鳥たちが水を飲みに来たり、近所の猫やタヌキも来ていた。ひとつの庭だけに睡蓮鉢を置いても大したことはないと思われるかもしれないが、地域の中でそんな庭が増えれば、生態系的には大きなつながりになる。

田んぼ

1粒のもみ殻からだいたい500〜1000粒ほどのコメができると言われている。茶碗1杯のお米は約2・1株の稲からできている。

今は地方の田んぼをみんなでシェアして、週末や連休に米づくりをする人たちも増えてきた。そんな時間が取れない人は、庭でマイ田んぼをつくるのもおもしろい。

1年分のコメは到底無理でも、家族の1食分とか3日分ぐらいを庭でつくると、あらためて米農家の苦労や、黄金に輝く穂の美しさに感動できるかもしれない。

池

クロード・モネの「睡蓮」の絵を見ると、こんな池のある庭があったらなあと憧れずにはいられない。モネは実際、色とりどりの花が咲き乱れる「クロ・ノルマン」をつくり、さらに「ウォーター・ガーデン」と称して、池のある庭までつくり、そこに生えている睡蓮をモチーフに何枚もの絵を描いた。日本の浮世絵からアイデアを得たという赤い太鼓橋までかかっているところを見ると、相当大きな池なのだろう。

夏から秋口にかけて咲くヒメスイレン

そこまで大きな池をつくれる敷地のある人は、この狭い日本では少ないかもしれないが、小さな池があるだけでも、庭の楽しみは倍増する。

井戸

井戸がある家は、災害時にも活用できるし、普段の水撒きなどにも使える。

ローテクで釣瓶《つるべ》を落として水を汲むのも悪くはないが、揚水ポンプをつけると、がぜん使いやすくなる。その際の揚水ポンプも手動にするか、電動にするか、はたまたソーラーや風力などの再生可能エネルギーを使うか、さまざまである。

しかし今、ＰＦＡＳ（有機フッ素化合物）の問題がある。主に泡消化剤や洗浄剤による地下水汚染で、米軍基地や空港、工場の周辺から高い濃度が検出されている。聖水と呼ばれる湧水までも汚染されているという。

他にも、窒素肥料による地下水汚染が気がかりだ。農地や庭で使う窒素肥料が大地にしみ込み、地下水を汚染している。水に恵まれている日本だが、井戸水だけではなく地下水利用の上水道も多く、飲料水の安全性が問われる。

グリーンインフラと雨庭

近ごろの気象状況は極端で、「ゲリラ豪雨」や「線状降水帯」など、短時間に一気に降る雨が増えてきて、洪水や浸水が各地で問題になっている。そこで、注目されているのがグリーンインフラだ。地域の自然環境を保全することは、防災・減災につながるという考え方である。グレーインフラと呼ばれるコンクリートではなく、緑の整備や浸透層などによる雨水のコントロールを目指す。

今までも、雨樋を浸透枡につなぐなどの方法は取られてきたが、最近では「雨庭」という言葉も使われ始めた。勾配を取って、一番低いところに浸透枡などを設置して砂利の層をつくったり、私たちがよくやる小川をつくったりなども雨庭と言えるかもしれない。そこまで大がかりなことをしなくても、庭でできる範囲で土の部分を少しでも増やし、雑草や植栽を生やすだけでもいい。庭の低い湿った場所には、水に強いミソハギやキショウブなどが向いている。日本の枯山水なども、究極の雨庭だと思う。

各家庭の庭は小さくても、雨庭が増えれば点が線になり、やがて面となって、降雨量のピークカットの役に立つ。グリーンインフラや雨庭に地域的に取り組めば、浸水を防ぐことまではできなくても、床上浸水だったものが床下浸水にとどまるなどして、減災につながることだろう。

雨庭の例。土を掘っただけの水の通り道

日々の手入れと移り変わり

庭を長く楽しむために

庭があり、土があるということは、どうしても維持するための手間や費用が必要だということ。土があれば、草は生えてくるし、植栽すれば木は伸びてくる。庭をつくったらそれでゴールというわけではなく、そこからがスタートになる。維持に毎年それなりの費用が発生するし、手間も必要になってくる。だからこそ、安心・安全なオーガニックで、メンテナンスしやすく使いやすい庭をおすすめしたい。

かといって、そこまで力を込めてやらなければいけないかというとそうではない。以前、ある高齢女性のお庭に伺ったときに、特別な園路もないのに、ちゃんと道になっていて、この方が毎日のように庭を歩いていることが見てとれた。しかも、しばらく植木屋が入っていなかったというのだが、それほど見苦しくないのだ。「人が見ている庭は荒れない」という人もいるが、まさにその例だった。ほんの少しでも見ているだけで意識が変わるので、きっと無意識のうちに手が伸びて、病葉《わくらば》を取りのぞいたり、食害するような虫がいれば捕まえたりしているのかもしれない。

使いやすい庭なら庭に出るのが苦にならず、日ごろからほんの少しのメンテナンスをしていれば一度に大変な思いをしなくても済む。使いやすいことは荒れにくい庭をつくる好循環の始まりなのだ。

雑草対策

どうしても草取りが大変であれば、土の面積を狭めるしかなく、そのためには、ウッドデッキをつくったり、浸水性の舗装材（インターロッキングや固まる砂など）や石張りやタイルでテラスをつくったりする。コンクリートでは味気ないが、「洗い出し」という砂利が見える仕上げにすると、無機質な感じはかなり薄れる。

防草シートは、最初はいいが、そのうち破れてきたり、土がうっすら積もって雑草が生えてきたりするのを防ぎきれない。シートが化学繊維であることも気がかりだ。

もし雑草だらけが見苦しいと感じるなら、グラウンドカバーとして、クローバーのタネを撒くのがおすすめだ。また、日当たりがよければタイム、悪ければセダムなどを植えてみる。最初に野芝を張ってしまってもよい。一般的な庭に使われているのが高麗芝《こうらい》で、野芝は公園などによく使われている。野芝は日本の在来種で乾燥や寒さに強く、伸びるのが遅いので管理が比較的楽である。高麗芝に比べ葉が太く雑草のようなワイルドさがあるので、除草はせず刈り込みだけすればよい。

だが、もっとも簡単な方法はむしろ「草を生やす」こと。オーストラリアやカリフォルニアなどの水不足が起こりやすく、条例で庭に水が撒けないようなところでは、「ワイルドグラス」や「ワイルドフラワー」が園芸店で

頻繁に踏みしめる轍は、草も生えなくなる

雑草のグラウンドカバー。イネ科を中心にクローバー、ギシギシなど多種類が生えるが、まとめて5cmに刈れば緑のじゅうたんに見える

もっとも売れているという。つまりは、日本で言うところの「雑草」である。

四季があり、梅雨があり、自然に恵まれた日本は雑草の種類がことのほか多く、どんな条件下でも、何かしら雑草が生えてくる。雑草であれば、買うまでもなく、植えるまでもない。肥料や水やりも必要ないのだ。それを活かして、5㎝ほどの高さに刈る。野芝を張っていれば雑草と混生させ、やがて自然に雑草だけのグラウンドカバーにすることもできる。

最近は充電式の芝刈り機や刈り払い機が多種売り出されていて、軽量のタイプもある。ただ、そのようなタイプは、草丈を長くしてしまうと、パワーが足りず十分に刈れないので、草が育ちきらない5月のうちから草刈りすることがおすすめだ。それからは、10月の初めごろまでは2週間ごと、つまり1カ月に2回、草刈りをするだけ。根から抜く必要はない。丸い葉だろうが細長い葉だろうが、細かいことは気にせず、まとめて刈ってしまう。そうすると遠目から見たら、きれいな芝のようにしか見えない。そうしていると、そのうち、だんだんと高い丈のものは出なくなり、草刈りも楽になってくるので、ぜひ試してほしい。

雑草は土壌改良できる一番身近な植物。刈り取ったものを園芸植物の周りに敷き込めばマルチとなり、乾燥を防いで最後は枯れて大地の栄養となる。これを続けていくうちに、土はだんだんとふかふかになっていく。

雑草マルチとして、刻んだドクダミを敷き込む

樹木の剪定

樹木の図鑑などを見ていると、よく「低木・中木・高木」などと記載されている。これは、あくまでもきちんと剪定していれば、この高さで収めることが可能という意味であり、それ以上大きくならないという意味ではない。たとえば庭によく植えられるツツジは、低木とされているが、ツツジばかりが植えてある群馬県館林市のつつじが岡公園では、推定樹齢８００年を超えるヤマツツジをはじめとする巨樹群が自然のままで保存され、４～５ｍを超す高さのものもあった。つまり、低木にするためには、きちんと剪定して維持管理しなければならない。だから、「大きくならない」という木はないのだ。

そして、育ちすぎて自分の手に負えないものは、プロにまかせよう。植木屋のほか、高木伐採や特殊伐採にな

モミジの剪定前（右）と剪定後（左）。玉散らしにしてあったのを自然風に（撮影：近藤祐子）

ると、アーボリスト（樹護士）や空師《そらし》の仕事となる。

また、親の代に植えられた木（マツやマキやツゲなど）で剪定に費用がかかるうえ、自分の好みに合わないということもある。そういうときは、今まで楽しませてくれたことに感謝し、伐採や伐根をして、自分の植えたいものを植えたほうがいいのではないだろうかと、私たちは考えている。そのほうが、邪険に扱われながら生きている木にとっても、嫌だ嫌だと思い続けている人間にとってもストレスが少ない。

自分の手の届く範囲や、小さな脚立でできるところまでは自分でやりたいという人も多いだろう。だが、木は生きている。適当な切り方や、ぞんざいな扱い方をすると、切り口から腐朽菌が入ってしまい、枯れてしまう。とくにぶつ切りはよくないし、後からプロに頼んだときに、形を整えられなくて、プロでも苦労する。道具もそれなりの切れるものを用意して、植物にダメージを与えない剪定をしてもらいたい。

日ごろから、街なかを歩くときにでも、「上手に形が整えられた切り方をしているな」と思われる樹木を見て、どんなふうに切っているのか、観察しておこう。剪定の本を読んでみることもおすすめである。その際、剪定前に読み、剪定した後、もう一度読んでほしい。体験すると、本に書いてある意味が腑に落ちることがあるからだ。

リフォーム

年月とともに家族構成は変わっていく。子どもは成長して独立したり、新しい家族を迎えたりするだろうし、親は高齢になっていく。子どものための庭も、15年もすれば使う人もいなくなる。菜園をやっていた人も、時が経てばしゃがむこともままならなくなるかもしれない。当然、家や庭の使われ方も変わっていく。

子どもが使っていた砂場はやがて使われなくなり、今度は親中心の庭となって花壇や菜園やファイヤープレイスに変わることもある。野菜づくりに興味をもつようになり、芝生をはがして菜園にしたり、膝の調子が悪くなって菜園をレイズドベッドにしたりという依頼もあった。

そこまで大がかりでなくとも、玄関周りの灯りや庭園灯を増設するだけでも庭の雰囲気は変わるし、高齢になったときに、足元を危なくないように照らすことも大切である。

　年齢とともに、玄関近辺の階段に手すりをつけたりもする。手すりと言えば、以前、カナダの高齢者施設の視察に行ったとき、庭に大きく不規則な円を描くように手すりがつくられていた。聞けば、徘徊を防ぐためだそうだ。エンドレスにぐるぐると手すりを伝って歩くことで、

上２枚：生け垣をウッドフェンスにリフォーム。庭に出やすいウッドデッキも設けた（28 ページ参照）
中：庭から出てきた石を、水場の敷石に
下２枚：味気ないアルミフェンスにウッドフェンスを組み、廃材で花壇も製作

施設の外にまで出ていくことが少なくなり、探す時間も短縮されたとか。

庭であれば、手すりをわざわざつくらなくても、レイズドベッドやテーブルをうまく組み合わせると、それを伝って歩くことができる。

安全で歩きやすいというだけではなく、残存能力の維持のために、スロープや段差を設けることもある。もちろん安全性が第一であり、身体に無理や危険のない構造にする。場合によってはリハビリなどの専門家のアドバイスを仰ぐとよい。

庭から出てきた石で、鉢からはみ出して育っていたバラをスパイラル花壇仕立てに

玄関から駐車場まで、庭を通っていかねばならず、車椅子の母親を車に乗せるために、園路をつくってほしいと頼まれたこともある。その場合、園路の幅を車椅子よりも広く取る必要がある。多少の方向変換などの動作を考えると、車椅子の幅ぎりぎりでは心もとないからだ。

また、最初からコンクリートを基礎としたレンガやタイル、石等の構造物をつくってしまうと、後からの改修が大がかりになる場合がある。

コンクリートをできるだけ使わない施工としては、たとえば園路は、切石の平板など、ある程度の大きさと重さのあるものなら土をしっかり突き固めて据える。レンガなどの小さなものは、砕石を敷き、よく突き固め空練りのモルタルを敷いて据える。フェンス等の構造物も木製のものなら後からの改修に対応しやすい。

庭も未来永劫、庭としてあるものではなく、住んでいる人とともに変わっていくものなのだ。

そして、根底でユニバーサルデザインが考慮されていれば、幅広い世代で、またいくつになっても使いやすい庭であり続ける。

オーガニックなお金

よく、「コストパフォーマンス」と言われるが、それを突き詰めていくと「新自由主義」になる。鉄道や郵便などが民営化され、採算の取れない地方は切り捨てられる。コストパフォーマンスという言葉によって格差は仕方ないとされ、暗黙のうちに差別も正当化されていく。より下の階層をつくることで、政治への不満のガス抜きがされる。分断と差別が人々の有機的なつながりを侵食していくのだ。

オーガニックの基本は地域特性である、と私たちは考えている。食料やエネルギーだけでなく、労働や経済も地域で循環させていくことが理想だし、そうなれば、今起きている多くの社会問題を解決できるのではないかと思う。

大きな企業は銀行から融資を受けて利益を支払う。その融資により、設備投資して商品をつくり、商品の値段には借りたお金の利息分も含まれている。たとえば、大きな企業が製造したお菓子を子どもが小遣いで買えば、子どもの小遣いから利息は支払われることになる。小さなお金（子どもの小遣い）は大きなお金（銀行や投資家）へと流れていく。つまり、地方のお金が中央に吸い上げられていく構図にもなる。

それが、地域通貨や市民バンクであれば、中央に吸い上げられずに、地域でお金を循環させることができる。すなわち、それがオーガニックなお金の流れとなる。

日本にもＮＰＯバンクや市民バンクがあり、無利息ではないが、地域社会や福祉、環境保全のための活動を行うＮＰＯや市民団体、個人などに融資している。

スモールガーデン・ベランダ

「うちには庭がないから」「うちは集合住宅だし」「あまりにも狭いので」と、ガーデニングをあきらめている方も多いことだろう。

でも、ちょっと待って！　小さな屋外スペース、たとえばベランダや狭い庭でも、それなりの楽しみ方はできるものなのだ。

狭い庭

都会ではどうしても庭は狭くなりがちだ。でも、あきらめることはない。狭いからこそ、いろいろと工夫ができる。同じ大きさの空間であれば、使いにくいと狭く感じ、使いやすいと広く感じるものなのだ。

狭いからこそ、効率よく動けるような動線を考える。たとえば、室外機に木製カバーをして、デッキと組み合わせるとベンチとしても使える。

デッキの真ん中をくり抜いて、大きめの木を植えることもできる。落葉樹なら、冬の日当たり、夏の木陰を楽しめて暮らしに彩りと潤いを与えてくれるだろう。さらに水鉢、鳥の巣箱を置くといろいろな生物も立ち寄れる。

道路に面した奥行 1m に満たないスペースでも植栽を楽しめる

デッキに水場を設け、省スペースに

木を一本植えるだけで、そこから生態系は動き出す。

狭い庭というのは、坪庭のように四方を建物などに囲まれている場合が多い。そうなると、日当たりも風通しも悪くなる。そういうときは、レイズドベッドにすると、環境を改善できる。実際に、都会で三方を隣家に囲まれている家で、レイズドベッドをつくったら、今まで育たなかった植物が育つようになったという例があった。

また、家々が込み合っているとプライバシーも大切で、視線を遮るためのフェンスなども必要になってくる。フェンスと収納、パーゴラと物干し、デッキと水場などを

ベンチの下には、室外機が隠れている。ウッドデッキで高さを出すことでこんな収納も可能になる

うまく組み合わせて、狭いからこそすべてに手が届いて使いやすい、楽しい空間にしよう。

ベランダ

集合住宅の場合は、災害時の避難路確保や、定期的な塗り替えや補修などの際の一時撤去の問題もあり、あまり大がかりなことはやりにくい。最少のリフォームで変化をつけられるようにしたい。

まずは床だ。足元というのは、案外めだつ。そこで「すのこ状」のウッドパネルを敷き込むだけでもだいぶ雰囲気が違ってくる。それに、夏の太陽の反射もやわらげることができる。その際、下の階への避難路はふさがないようにする。

広いルーフトップなどの場合は、全面にウッドパネルを敷くには面積がありすぎて大変なので、木道のような置き方をするだけでも、無機質な感じがかなりやわらぐ。

さらに、室内から見て目がいく部分の手すりにウッドフェンスを取りつけると、雰囲気がよくなる。ただし、台風で飛ばないようにしっかりと固定する工夫は必要だ。

ベランダやルーフトップの場合、重さについても考えなくてはならない。大きなプランターに土と植物を入れていくつも置くと、ベランダの耐荷重を超えてしまうこともある。あまり欲張らないで、植物は厳選して置こう。

緑がいくつか入るだけで、ベランダの雰囲気は変わる。何よりもプランターであれば、植物の移動もできる。

また、小さくても収納をつくると、庭道具を入れられて空間が雑然としない。収納を兼ねたテーブルやベンチでもいい。

ベランダガーデニングで注意しなければならないのは、水やりで階下へ迷惑をかけないようにすること、排水溝が詰まらないように花びらや葉、こぼれた土などの掃除はこまめにすること。そして小さい子どもがいる家庭では、手すり側に子どもの登れるような構造物（ベンチや横張りのフェンスなど）を置かないこと。思わぬ転落事故につながることがある。

夏は灼熱、冬は乾燥、風も強い……。ベランダは大変な場所なのだが、何といっても眺めは抜群！　工夫次第で都会の景色をやわらげ、ほっと一息つける空間になる。ベランダをもっと活用できれば、日々の生活も潤うに違いない。

ウッドフェンスとウッドパネルを組み合わせることで雰囲気をやわらかくし、プランターのサイズを変えて動きを出した

いのちのめぐる庭

庭から地域を元気に

私たちはできるだけ環境に負荷をかけず、生物の多様性を大事にし、循環する庭をつくってきた。いわば「いのちのめぐる庭」である。

いのちのめぐる庭とは、生態系を基本に園芸作物を育てたり、雑草を生かしたり、落ち葉や生ごみ、雨水や太陽光を利用したり、日々の暮らしの中で、いざというときの備えのある庭ともなったりする場所である。

個人の庭からでも、空き地や公園を利用して、地域をつなぐコミュニティ・ガーデンとしても、いのちのめぐる庭をつくることができる。

空き地や公園

ときどき、放課後なのに、子どもの姿のまったくない公園を目にすることがある。それは決して子どもたちが塾やお稽古事で忙しいから……ということだけではないように思う。誰の姿もない公園は安心できる場所どころか、防犯上少し不安である。

また、多くは樹脂で塗装された原色の遊具が置かれているが、それらで遊ぼうと思う子どもはいったい何歳ぐらいまでだろう。ある意味、使い方が決まっている遊具などは、使う年齢を限られたものにしてしまいがちだ。それならば、もっといろいろな年齢層の人が使える公園にしていったらどうだろう。そのほうが、地域が活性化するし、人の目が常にあり、子どもたちも安心して遊ぶことができると思う。

空き地にしても、昔は子どもの遊び場であったものが、最近は草ぼうぼうで立ち入れないように柵がしてあったりする。私有地であっても持ち主の了解を得て、地域の人たちで草刈りや花壇や菜園ができるような場にすると、防犯上もいいような気がする。実際、「割れ窓理論」といって、町の通りに面した建物の窓を割れたままにしておくと、その通り自体がだんだんすさんでくるそうだ。ということは、その逆もありで、きれいにしていれば、その地域は荒れないし、犯罪率も下がる。

私たちが管理している庭でも、荒れっぱなしにしていたら、空き缶やペットボトルを投げ込まれたり、たばこの吸い殻を灰皿から捨てられたりしていた。きれいに剪定した後は、ごみを捨てられなくなったと喜ばれたので、「割れ窓理論」を実感している。

子どもは遊びの天才だから、遊具はなくとも、板を1枚渡しただけで、いろいろな遊びを考え出す。空き地や公園も、そのような子どもたちの感性を伸ばすような場所であってほしい。

また、菜園なども共同で運営すれば、収穫祭をしたり、「子ども食堂」や、必要とする人たちに分けたりすることもできる。もちろん、花壇をつくり、花が美しく咲い

小さな菜園があれば、そこから小さな循環が始まる

ていたら、ごみを投げ込む人も少なくなるだろう。そして、時にはそこが大道芸よろしく特技を披露するイベント広場になってもいい。多様な人が集まり、交流できる、そんな場が地域ごとに増えていったら……。夢は尽きない。

コミュニティ・ガーデン

コミュニティ・ガーデンを地域につくる場合は、できるだけその地域の人たちに参加してもらい、学習会やワークショップを重ねながらデザインを決めていくとよい。この場合のデザインとは、ガーデンの形（植栽や造形など）だけではなく、参加の仕方や運営方法なども含めたものを指す。

運営はボランティア主体になるだろうが、その際、オーガニックでやれるよう植物や病虫害の知識をもつリーダーの養成が必要である。アメリカや韓国では、実技や講座で時間をかけてオーガニックを基本とした「マスター・ガーデナー」と呼ばれるリーダーを養成している。

果樹やハーブ・草花との上手なつきあい

暮らしの中にオーガニックな緑を取り入れることで、身近な生態系を豊かにすることができる。たとえば果樹の受粉にはミツバチの力を借りるので、日ごろから農薬を使わないことで、彼らの個体数維持に協力できる。花を訪れる甲虫やガなども同様に花粉をつけて飛びまわることができるので、大量発生しない限りは「害虫」などと言って嫌わないでもらいたい。

「害虫」だと思っていた虫がじつはそうではなく、「冤罪」だった……ということも多いので、まずは虫を写真に撮って、インターネットで調べてみよう。どのような植物にいたかとか、虫の色や形とともに検索すると、いろいろ出てくるので、自分の撮った写真とよく見比べてみよう。

剪定では、果樹園ほどのスケールであれば収量重視の枝づくりになるが、庭の場合は大きさを抑えて、それでいて収穫もできるような樹形に育てていく。また、果樹の場合は、実をつけたままにしておくと木が弱るので、

仲間と集まってコミュニティ・ガーデンづくり（撮影：松下美香）

最後の1つ2つを鳥のために残し、あとは収穫するようにしよう。これは、地方ではクマやサルをこれ以上人里に近づかせないためにも重要なことである。
果樹などはたくさんできたら、友人や地域の人と分け合うと、これもまたネットワークをつなげることにもなる。

地域通貨

「地域通貨」はその地域だけで通用する通貨で、地域をつなげるにはもってこいの方法だ。地域限定のお金ということは、地域の人たちへの仕事の依頼や生産物の購入に使うことになる。一方、大型店舗やチェーン店での買い物や仕事の依頼は、結局のところ利潤や金利という形で、地域のお金が中央に吸い上げられてしまうことになる。

地域でお金が回っていけば、地域での雇用が増え、車での移動が減れば二酸化炭素の排出も減る。近年は家庭用に普及した太陽光発電をネットワークした市民電力が全国に生まれており、地元で採れた農産物、加工食品、手づくり製品で言われる「地産地消」が、エネルギーの面でも広がってきている。

そのほか、物々交換的なやりとりをしている人たちもいるし、宿泊料をお客さんに決めてもらう「ドネーション方式」でゲストハウスを営んでいる友人もいる。

私たちも2001年に行われたあるガーデニングショウに参加する際、その資金を「ガーデン債券」という私的債券で募ったことがある。そのとき、一口1万円の債券を何十口も購入してくれた人が数人いて、後から聞いたら、庭づくりの頭金として買ってくれたのだった。また、小口で買ってくれた人も、これを機に剪定仕事を頼みたいと言ってくれ、代金の一部を債券で払ってくれた。つまり、債券を発行することによって、自分たちの仕事も得ることができたのである。これが銀行から借りていたのであれば、金利が生じたうえに、このような仕事のネットワークも人的なネットワークもできなかっただろう。

ところで、海外では「減価する貨幣」というものがある。『エンデの遺言』（河邑厚徳＋グループ現代著、講談社）によると、1932年、ドイツにあるザルツブルグ近郊のヴェルグル（人口4300人）という町では、町の財政を立て直すために毎月1％ずつ減価する地域通貨紙幣が発行されていたという。紙券の表に12カ月分の升目があり、毎月1％分のスタンプ（証紙のようなもの）を貼らなければならないので、1年持っていると12％減になってしまう。町はこのスタンプの売り上げを貧困者の救済に充てた。以下は、そのときの宣言の抜粋である。

「諸君！　貯め込まれて循環しない貨幣は、世界を大きな危機に、そして人類を貧困に陥れた。（中略）人間は自分がつくりだした労働を交換することで生活している。

庭で採れる貨幣？

緩慢にしか循環しないお金がその労働の交換の大部分を妨げ、何百万という労働しようとしている人々の経済生活の空間を失わせているのだ。労働の交換を高めて、そこから疎外された人々をもう一度呼び戻さなければならない（以下省略）」

本来、お金と物は等価だから交換できるというのが前提である。しかし、物は劣化するのにお金は劣化しない。とくに、食べ物は腐る前に売ったり食べたりしないと価値がなくなってしまうのに、お金は長期間たくさん持っているほど、劣化するどころか利息で価値を増やすことさえできてしまう。等価であるべきお金と物が等価ではない。それがいろいろな経済問題を引き起こす大きな要因ではないのか？　ならばお金を劣化させればいい。つまり、マイナスの利子というところか。

これなら時間が経つとお金が劣化していくので、地域通貨を持っている人はどんどん使うようになり、地域経済がどんどん活性化していく。今までの「お金はたくさんあるところに集まっていく」という構造とは対極にあり、経済の仕組みを根本から変えるきっかけになるかもしれない。

コロナ禍以降、地方に移住する人が増えてきている。地域にある古いものを大切にしながら、移住者が新しい風を地域に吹き込み、そこがどんどんおもしろくなれば、地方は都会にはない魅力であふれた場所になるだろう。

里山

昭和30年代ぐらいまでは、生活の近くに里山と呼ばれる雑木林があり、人々はその土地特有の地形や気象条件を活かし、田畑を耕して循環型の暮らしをしていた。雑木林と人間の関係は縄文時代に遡ることができる。定住し始めた縄文の人々は、近くの雑木林で得られる動植物から、食料や暮らしに役立つ物を得ることができた。その関係はつい最近まで一万年以上も続いていた。それが高度経済成長の時代にすっかり衰退し、雑木林にも手が入らなくなり、荒れたことが原因で、サルやシカ、そしてクマが増えているのではないかとも言われている。

材木用の植林した山と違って、雑木林はもっと日々の暮らしに根ざした山である。里に近いことから「里山」

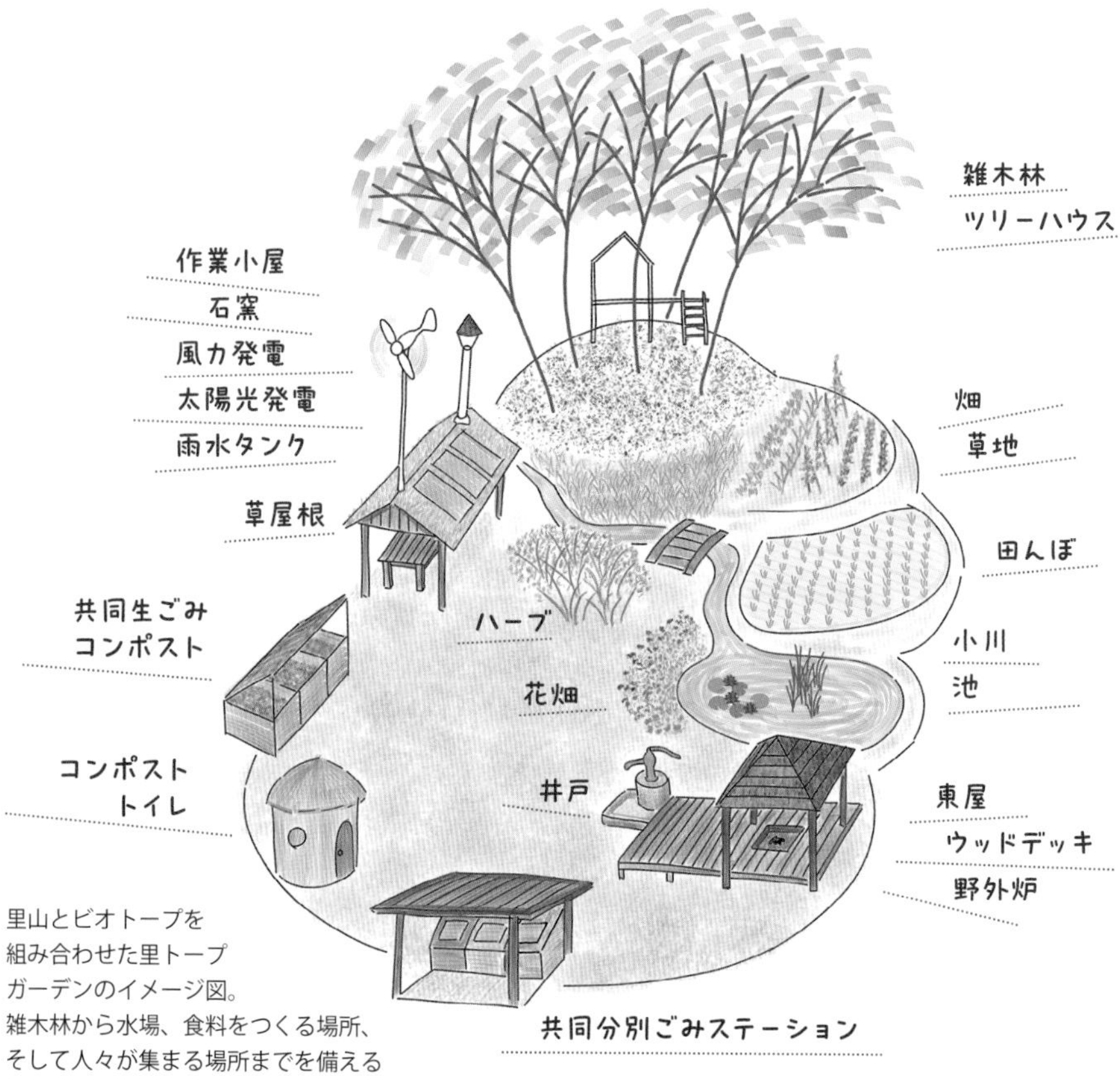

里山とビオトープを
組み合わせた里トープ
ガーデンのイメージ図。
雑木林から水場、食料をつくる場所、
そして人々が集まる場所までを備える

と呼ばれ、人々の生活に恵みをもたらしてきた。雑木林から薪や炭、キノコ栽培のための榾木《ほだぎ》、そして堆肥にする落ち葉を得た。よく手の入った雑木林や農薬を使わない田んぼは、多様な生物の生息場所となった。人間が自然を利用することで自然を豊かにしてきたのだ。

　最近は、棚田を衰退させたくないと、各地で棚田を守る運動が盛んになってきたが、里山もぜひ地域の人たちの手で、昔のように手入れをし、利用できたらと思う。

　私たちは「里山」と「ビオトープ」を合わせた造語として、「里トープガーデン」を提唱している。雑木林の中にツリーハウスをつくり、なだらかな下りの傾斜にしたがって畑、田、沼などが形成され、野原のようになったところには、人々が集えるように、イベントができる屋根

ドネーション方式のゲストハウス「シャンティクティ」（長野県）の庭に据えられたアースオーブン（撮影：臼井朋子）

のある舞台や野外炉やアースオーブンなども設ける。地域の人たちが自由で気楽に参加できる場にしたい。歌や楽器、演劇や伝統芸能、いろいろなパフォーマンスをやれたら楽しい。

今ではずいぶんと少なくなってしまったが、地方では昔から、地域の子どもから大人までが演じる村歌舞伎があり、そのための小さな舞台もあった。新しい形でそんな空間ができればと思う。そこでピザを焼いたり、芋煮会のようなことをしたり、共同の生ごみコンポストやコンポストトイレも設置する。そうやって、田植えだ、収穫だと日々の暮らしの中での共同作業ができれば、農地もまたよみがえる。いざというときのためのつながりや助け合いも、この場で日ごろから培っておくのである。そこでの収穫物は、「子ども食堂」のように、必要な人に届けられるシステムにしておく。

どんな人も取りこぼさず、みんなが安心して暮らしていけること。夢物語に聞こえるかもしれないが、まずは夢を見ないと現実も始まらない。それが「いのちのめぐる庭」なのだと思う。

文明のリスク

なぜ庭をつくるのにオーガニックが大切なのか

食べ物ではオーガニックかどうかを気にしても、庭のオーガニックに関しては、あまり気にかけない人も多い。

あるとき、私たちの講演会に参加していた女性から、「ずっと体調が悪く、更年期障害が長引いているのかと思っていました。でも、今日の講演を聞いて、私は化学物質過敏症ではないか?と思い当たりました。考えてみたら、夫は虫が大嫌いで、春から秋になるまで、しょっちゅう『消毒』と称して殺虫剤を撒いているのです」と言われたことがある。庭という一番身近な暮らしの場所で、このように無自覚に農薬や化学肥料が使われている。

しかも、「消毒」という、いかにも清潔で衛生的な響きをもって殺虫剤は撒かれている。ほんとうは多くの農薬が毒物や劇物に指定されているのだから、「消毒」ではなくて、「加毒」なのだ。

また、植物を育てるうえではオーガニックは大切かもしれないが、庭をつくるのにオーガニックはあまり関係ないのでは、と思う人もいるだろう。だが、庭を構成するものとしてさまざまなものが入り込む。たとえば、ウッドデッキやフェンスなどの構造物が熱帯雨林などから切り出された材木でできていないか、塗料に化学物質が含まれているのではないか、廃棄するときに大量のプラスチックごみを出さないかなどと、考えてみることはとても大切なことだ。

近年、マイクロプラスチックごみが問題になっているが、農業資材のひとつ、被覆肥料もその一因である。これは化学肥料を遅効性にするために、プラスチックでコーティングしたものだ。田んぼに撒かれるとコーティングのプラスチックがマイクロプラスチックごみとなり、田んぼから川へ、川から海へと流れ出ているのだ。

有機という言葉

本書の冒頭で、オーガニックの説明に「有機」という言葉を用いた。一方で、有機リン系殺虫剤とか有機溶剤とか石油化学工業の製品にも「有機」という言葉が使われており、お客さんから質問を受けることもある。これは、原料の石油が有機化合物だからだ。

有機化合物とは本来、生命活動によってつくられるもので、糖類・アミノ酸・タンパク質などだが、今は人工的に合成できるので、簡単にいうと炭素と水素を基本にしたものが有機化合物と呼ばれる。

石油も太古に生物の死骸が堆積してできたものなので有機化合物に分類される。問題は、プラスチックをはじめとする石油化学製品の多くは生分解しないことだ。そのため環境汚染を引き起こしたり、生物の体内に取り込まれ環境ホルモンとして生命活動を攪乱《かくらん》したりして、人体にもいろいろな悪影響がある。

近年、広範囲で確認されている外来生物のキマダラカメムシ

予防原則という考え方

現在、とくに問題になっているのが、殺虫剤のネオニコチノイドである。ネオニコチノイドは、環境保護に力を入れていると言われているエコファーマーなどでも使われている。もうひとつ、除草剤の基材として日本ではお馴染みのグリホサートも同様だ。この2つは環境や人

コミュニティ・ガーデンでは多くの人が作業に加わるので、オーガニックが基本

体に与える影響が大きく、世界では禁止や規制の方向に向かっている。だが、日本ではむしろ規制は緩くなっている。また、そのうちに禁止されたとしても、今後もこれに代わるものが次々と出てくることだろう。

なぜ、このようなイタチごっこになってしまうのだろうか？　それは、欧米では主流になっている「予防原則」がこの国では取り入れられていないからである。予防原則とは、化学物質や遺伝子組み換えなどの新技術を商品化しようとするとき、人の健康や環境に重大な影響を与える可能性のあるものは、科学的に因果関係が十分証明されない状況でも、規制措置を可能にする制度をつくるような考え方だ。平たく言えば、「疑わしきものは使うべからず」である。

今、とくに問題なのは、商品のメリットばかりは強調されるが、デメリットについては示されていないことだ。デメリットが隠されていたのでは、正しい選択はできない。国も企業も予防原則に基づく制度に従いきちんとデメリットを表示し、市民にわかりやすく伝え、何を選択したらよいかの判断ができるような社会にしたい。偏った情報だけで判断しなければならない社会は、自由のない社会だ。オーガニックとは、リスクを減らす生き方でもあるのだ。

放射性物質の問題

放射性物質も人間がつくり出した厄介な代物だ。放射性物質の半減期はあくまでも、半分になるということ。たとえば、原発事故で放出されたセシウム137は半減期が30年。60年経って、ようやく4分の1になり、核分裂前の放射線レベルになるには、半減期の約10倍、およそ300年かかる。プルトニウムにいたっては半減期でさえも2万4000年であるから、およそ24万年かかる。

また、原発は事故が起きなくても、使用済み核燃料の放射性廃棄物は30~50年冷却をしたうえで深さ300m以上の安定した地層に10万年間密閉しなければならない。世界の原発立地の周辺では、乳がんの発生率が高いという報告がある。また、チョルノービリや福島など、原発の過酷事故が起きた地域では、疫学的には子どもたちの甲状腺がんの発生率も飛びぬけて高くなっている。だが、日本では原発事故が原因とは、国が認めていない。

ガーデンの世界とて、放射能と無縁でいられない。日本で唯一のウラン鉱山である岡山県の人形峠のウラン残土からはレンガがつくられていて、農林水産省や文部科学省の省内の花壇などで使われており、希望した一般の人々にも販売された。低レベル放射性廃棄物からベンチもつくられている。

さらに、東日本大震災福島第一原発事故で漏れ出た放射性物質に汚染されたコンクリートがらからリサイクルされた砕石やセメントなどがつくられている。汚染土を

オーガニックの庭であれば、まずテントウムシがたくさんやってくる。写真はナミテントウ

土地の造成や花壇の土などに、全国で利用する計画もある。埼玉県所沢市にある環境省環境調査研修所や新宿御苑の花壇で実証実験が行われる予定であるが、汚染土を全国に拡散することになるのではないかとの批判がある。にもかかわらず、そういったものを真っ先に使われてしまうのが庭であり、公園などである。

以上のように、農薬や放射性物質は、環境へ拡散されると生態系を攪乱し、人体にも多大な危険性がある。

ほんとうに汚いもの

生態系から見たとき、ほんとうに汚いものとは何だろうか。人間社会では、糞尿、泥、菌、場合によっては虫なども汚いものとして扱われる。しかし、生態系の中でフンは生命体から生命体へ有機物（栄養素）を受け渡す重要な役割を担っている。大型動物のフンは小型動物や虫たちの、そして土壌・菌の重要な食物（栄養源）となる。

泥は生態系の基礎となるもので、落ち葉や枯れた植物、動物の死骸やフンなどの有機物を分解する土壌微生物の活動の場所だ。

そして、人間から見て「害虫」と言われるアブラムシなども、たくさんの動物たちの餌となっている、いわば「陸のプランクトン」のような存在だ。

有機物は菌によって分解され、無機物となり、土となり、植物の栄養となる。植物は有機物をつくり出し、草食性の虫や動物たちの食物となり、生態系の循環を支える。

生態系ではすべてが循環するので、廃棄物や汚物はない。生態系にとって汚物、有害物となるのは、分解せずに循環を断ち切る化学物質や放射性物質、つまり人間のつくり出したもののほうだと思うのだが。

新しい庭の文化

一昔前まで、車の調子が悪ければ、ちょっとメカに強い人ならばボンネットを開けて直すことができた。ミシンも壊れれば、ミシン屋さんで直してくれた。ところがコンピューター化したことによって、もはや車もミシンもブラックボックスとなり、私たちが自力で直そうとしても、何が何だかわからない。コンピューター化することでたしかに便利にはなったが、便利さが10倍になるとリスクも10倍になるのだということを思い知らされる。

ガーデンの世界はもう少しローテクかもしれないが、それでも見たこともない苗が次々と売り出され、新し物好きのガーデナーは居ても立ってもいられない。今ではバイオ技術で、青いバラまでつくられる。

長い年月をかけて、各地でいろいろな文化が創られ根づいてきた。日本でも、昔の家は地域の材料と技術で建てられた。だからこそ、個々の家の間取りや大きさが違っていても、町並みには統一感があり、美しさがあったのだ。また、その家に見合う庭もしかりだ。家と庭の調和が取れて、双方を引き立て合っていたのだと思う。

そう考えると、常に新しいものを買ったり、自動化したりすることで暮らしを満たすのではなく、もっと地域の文化や技術を活かすことも必要なのではないだろうか。すべてを地域でまかなうことができなくても、せめて大量生産のものではなく、顔の見える関係でつくられたものを買うことでもいい。

私たちは、便利さと引き換えにほんとうの豊かさを失ったのかもしれない。もう一度暮らしを自分たちの手に取り戻すこと。そんなこともオーガニックな暮らしと言えるのではないだろうか。そして便利さではなく、「使いやすさ」をキーワードに、ブームに流されない、便利に踊らされない新しい庭の文化、そして暮らしの文化を創っていけたらと思う。

マリーゴールドにとまるシロモンノメイガ。食害しているわけではない

COLUMN 07

パーマカルチャーとトランジション・タウン

オーストラリアのビル・モリソンが提唱し実践したパーマカルチャーは、できるだけエネルギーの消費量を減らす暮らしを通して、人間にとっての恒久的持続可能な環境をつくり出すためのデザイン体系のことを指す。

じつは日本には昔からパーマカルチャー的な考え方はあった。地形を利用して棚田をつくり、竹林を管理して竹を利用し、雑木林から薪をつくり出す「里山の暮らし」である。それらを体系化したものが、パーマカルチャーと言えよう。オーガニック・ガーデンはそれより規模こそ小さいものの、考え方としては重なる部分も多い。私たちもスパイラル花壇や地形を活かした庭づくり、ひとつのものを複数の目的で使えるようにつくるなど、人と自然が共生するための多くのことを参考にしている。

これに対し、社会の中で人と人とのつながりや共生を重視したものに、トランジション・タウンがある。「知恵や経験の共有を通して、安心できるコミュニティを広げていく」という考えのもと、持続可能な社会への移行を提唱している。自分の暮らしだけで終わることなく、人とのつながりを有機的につくっていき、地域に根ざした活動をしている。基本的には地域に住む3人以上の人たちで定期的なミーティングを開ければ立ち上げることができる。メンバーは、地域通貨、映画の上映会、マルシェの開催、コミュニティ・ガーデンなどの活動にも積極的に取り組んでいるところが多い。これにより、今暮らしている地域を、より暮らしやすく、災害に強く、誰もが参加できる場所に変えていこうという、草の根の活動である。

トランジション・タウンの考えで一番素敵なところは「3つのH」。Hand（手）、Head（頭）、Heart（心）のバランスをいつも心がけるということだ。

いずれも、オルタナティブな新しい暮らし方を提唱していて、今後ますます必要とされる暮らし方だと思う。

参考文献

『公園のユニバーサルデザインマニュアル　人と自然にやさしい公園をめざして』都市緑化技術開発機構公園緑地バリアフリー共同研究会編、鹿島出版会
『コミュニティガーデン　市民が進める緑のまちづくり』越川秀治著、学芸出版社
『みどりのコミュニティデザイン』中瀬勲＋林まゆみ編、学芸出版社
『こんな公園がほしい　住民がつくる公共空間』小野佐和子著、築地書館
『スウェーデンの持続可能なまちづくり　ナチュラル・ステップが導くコミュニティ改革』サラ・ジェームズ＋トルビョーン・ラーティー著、高見幸子監訳編著、伊波美智子解説、新評論
『日本再生のルールブック　ナチュラル・ステップと持続可能な社会』高見幸子著、海象ブックレット
『英国の持続可能な地域づくり　パートナーシップとローカリゼーション』中島恵理著、サスティナブル・コミュニティ研究所企画、学芸出版社
『パーマカルチャー菜園入門　自然のしくみをいかす家庭菜園』設楽清和監修、家の光協会
『パーマカルチャー　自給自立の農的暮らしに』パーマカルチャー・センター・ジャパン編、創森社
『ナチュラルガーデンブック　ガーデンの包括的アプローチ』ピーター・ハーパー著、クリス・マデセン＋ジェレミー・ライト共著、木塚夏子訳、産調出版
『障害者高齢者のためのバリアフリーガーデニング』エンパワメント研究所著、筒井書房
『市民参加と都市開発』ハンス・B・C・スピーゲル編、田村明訳、鹿島出版会
『活かして究める雨の建築道』日本建築学会編、技報堂出版
『コミュニティデザイン　人がつながるしくみをつくる』山崎亮著、学芸出版社
『フリースタイル・ガーデニング　植物の力を引き出す5つの発想』高田昇著、創元社

『ハンドブック　子どものための地域づくり』あしたの日本を創る協会編、晶文社
『ワークショップ　住民主体のまちづくりへの方法論』木下勇著、学芸出版社
『ロンドンのガーデニング』ジュウ・ドゥ・ポゥム著、主婦の友社
『北欧ストックホルムのガーデニング』ジュウ・ドゥ・ポゥム著、主婦の友社
『ポール・スミザーのガーデン講座　選ぶことから植えるまで』ポール・スミザー著、藤井徹写真、宝島社
『生きのびるためのデザイン』ヴィクター・パパネック著、阿部公正訳、晶文社
『人間のためのデザイン』ヴィクター・パパネック著、阿部公正・和爾祥隆訳、晶文社
『地球のためのデザイン　建築とデザインにおける生態学と倫理学』ヴィクター・パパネック著、大島俊三＋村上太佳子＋城崎照彦訳、榮久庵憲司序文、鹿島出版会
『誰のためのデザイン？　認知科学者のデザイン原論』D・A・ノーマン著、野島久雄訳、新曜社
『人はなぜ、こんなにも庭仕事で幸せになれるのか　初めての庭の物語』エイミィ・スチュワート著、J・ユンカーマン＋松本薫訳、主婦と生活社
『イギリスで楽しむグリーンホリデー〈緑の巻〉〈青の巻〉』パックストン美登利＋ヒュー・パックストン著、築地書館
『丘のてっぺんの庭　花暦』鶴田静著・文、エドワード・レビンソン写真、淡交社
『木のヒーリング　人間と木、この2つのエネルギーの一体化から得られるもの』パトリス・ブーシャルドン著、今井由美子訳、産調出版
『戦争と農業』藤原辰史著、集英社インターナショナル
『ナチス・ドイツの有機農業「自然との共生」が生んだ「民族の絶滅」』藤原辰史著、柏書房
『ナチスのキッチン　食べることの環境史』藤原辰史著、共和国
『庭仕事の真髄　老い・病・トラウマ・孤独を癒す庭』スー・スチュアート・スミス著、和田佐規子訳、築地書館
『カミング・バック・トゥ・ライフ——生命への回帰　つながりを取り戻すワークの手引き』ジョアンナ・メイシー＋モリー・ヤング・ブラウン著、齊藤由香訳、サンガ
『エンデの遺言　根源からお金を問うこと』河邑厚徳＋グループ現代著、講談社
『シュタイナーの学校・銀行・病院・農場　アントロポゾ

フィーとは何か?』ペーター・ブリュッゲ著、子安美智子＋クリストリーブ・ヨープスト訳、学陽書房
『地宝論　地球を救う地域の知恵』田中優著、子どもの未来社
『薪ストーブ大全　暖かな炎のある暮らしを１００％楽しむためのコンプリート・ガイド』「夢の丸太小屋に暮らす」編集部編、地球丸
『薪ストーブの本　薪エネルギーと、薪焚き人の人生』ウィリアム・ブッシャ、ステファン・モリス著、バーモント・キャスティングス編著、田渕義雄訳、晶文社出版
『小屋の力　マイクロ・アーキテクチャー』仙波喜代子・今井今朝春構成、ワールドフォトプレス
『小屋入門　Tiny House Manual：建て方、買い方、楽しみ方小屋のすべてをやさしく紹介！』地球丸
『タイニーハウス　小さな家が思想を持った：Tiny houses』レスター・ウォーカー著、玉井一匡＋山本章介訳、ワールドフォトプレス
『今森光彦の心地いい里山暮らし12か月　写真家のアトリエ「オーレリアンの庭」から』今森光彦著、世界文化社
『地球の上に生きる』アリシア・ベイ＝ローレル著、深町真理子訳、草思社
『オーガニック・ガーデン・ブック　庭からひろがる暮らし・仕事・自然』ひきちガーデンサービス　曳地義治＋曳地トシ著、築地書館
『無農薬で庭づくり　オーガニック・ガーデン・ハンドブック』ひきちガーデンサービス　曳地トシ＋曳地義治著、築地書館
『虫といっしょに庭づくり　オーガニック・ガーデン・ハンドブック』ひきちガーデンサービス　曳地トシ＋曳地義治著、築地書館
『雑草と楽しむ庭づくり　オーガニック・ガーデン・ハンドブック』ひきちガーデンサービス　曳地トシ＋曳地義治著、築地書館
『二十四節気で楽しむ庭仕事』ひきちガーデンサービス　曳地トシ＋曳地義治著、築地書館
『鳥・虫・草木と楽しむ　オーガニック植木屋の剪定術』ひきちガーデンサービス　曳地トシ＋曳地義治著、築地書館
『オーガニック・ガーデンのすすめ』曳地トシ＋曳地義治著、創森社
『はじめての手づくりオーガニック・ガーデン　無農薬で安心・ラクラク』曳地トシ＋曳地義治著、ＰＨＰ出版
『原発をやめる１００の理由　エコ電力で起業したドイツ・

『シェーナウ村と私たち』「原発をやめる１００の理由」日本版制作委員会著、西尾漠監修、築地書館
公益社団法人米穀安定供給確保支援機構ホームページ「お米ものしりゾーン」https://www.komenet.jp/_qa/
『サイレント・アース　昆虫たちの沈黙の春』デイヴ・グルーソン著、藤原多伽夫訳、ＮＨＫ出版
「THE BIG ISSUE JAPAN【特集】静かに消えゆく昆虫たち」４５５号
『無農薬でバラ庭を　米ぬかオーガニック12カ月』小竹幸子著、築地書館
『ショック・ドクトリン　惨事便乗型資本主義の正体を暴く（上・下）』ナオミ・クライン著、幾島幸子＋村上由見子訳、岩波書店
『まちを変える都市型農園　コミュニティを育む空き地活用』新保奈穂美著、学芸出版社
『知られざる白川郷　床下の焔硝が村をつくった』馬路泰藏著、風媒社
『葉っぱのぐそをはじめよう　「糞土思想」が地球を救う』伊沢正名著、山と溪谷社
株式会社モキ製作所「燃焼器　無煙炭化器　放置竹林炭化器」https://www.moki-ss.co.jp/burning/anthracite-equalizer

写真をお借りしたみなさま

（ページ順、敬称略）

小竹幸子（2～4・39・１３７～１３９ページ）
泉健司（14ページ）
宇留賀正輝（64ページ見出し）
香川淳（64・65ページ）
三枝三七子（84ページ見出し）
八巻秀房（91ページ）
土屋順子（96ページ）
和久井道夫（96ページ）
近藤祐子（１０９ページ）
松下美香（１２１ページ）
臼井朋子（１２５ページ）

おわりに

私たちが最初の本『オーガニック・ガーデン・ブック』を書いてから、20年以上が経った。その間、社会も大きく変化したし、オーガニックという言葉もだいぶ社会に浸透してきたように見える。

とくに大きかった出来事は、東日本大震災。あのとき、地震と津波という自然災害だけでなく、原子力発電所の事故によって漏れ出た放射性物質という人為的につくり出したものに、人々は苦しみを味わった。ことに、有機農業やオーガニックで園芸に携わる人々ほど、放射能に振り回された。目先の経済効率を優先することで、私たちは大きな対価を支払わねばならなかった。

そこから私たちは立ち上がり歩き出したが、そこから真摯に学ぶことができたのだろうか？今でこそＳＤＧｓという言葉も社会に浸透してきたが、企業の免罪符のように使われている面も否めない。だが、こんなときだからこそ、身近な自然である庭から学べることも多いのではないかと思っている。

こうやって一冊の本を書き終えてみると、この30年の間に、私たちもいろいろな庭をつくってきたものだと感じる。

石や灯籠や築山などのある古びた和風庭園を、庭石はハーブのロックガーデンにして、収納や

水場を加え、使いやすい庭に変えたこともあるし、時には都会の家々に囲まれた小さな庭にウッドデッキやレイズドベッドをつくって風通しをよくしたこともある。

私たちに庭づくりを依頼してくる人たちは、どちらかというと、ガーデニングが趣味というよりは、庭はあるけれども、そこまで土いじりをしたいわけではなく、せっかくある庭を見苦しくなく、あるいはもうひとつのリビングのような感じで使いたいという人がほとんどだ。また、自然の恵みを循環させていきたいという方も多い。

オーガニックで使いやすい庭は、誰に対しても優しく楽しく、災害のときには心強い空間となる。近年増えているリモートワークの青空仕事部屋にもいいだろう。そんなふうに、庭の可能性をもっと広げていければと思う。

拙著が翻訳されており、たびたび講演に行く韓国では、都市部の住宅はどうしても高層住宅になり、土に触れたくても触れられない多くの人たちのためにコミュニティ・ガーデンが盛んだそうだ。管理と運営を担うリーダー「マスター・ガーデナー」を育成する活動も盛んで、そこではオーガニックが主流である。後発ながら日本でも、近い将来そうなっていくのではないかと期待している。

今後、いろいろなものがロボット化され、便利になればなるほど、人々はより緑を求めるのではないだろうか。そんなときに、本書がみなさんのアイデアの源になれたら、幸いである。

最後に、執筆にあたっては、編集の黒田智美さんに、大変お世話になりました。なかなか筆が進まない私たちを辛抱強く待ち続けてくださったことで、この本を書ききることができました。デザイナーの田中明美さんとイラストレーターの長谷川貴子さんには、私たちの本をいつも素敵

に仕上げてくださり、できあがった本を前にワクワクする気持ちを味わわせてもらっています。
写真はたくさんの方からお借りし、みなさんからのご協力のおかげで、楽しい一冊に仕上がりました。心から感謝いたします。みなさまのお名前は、最後にまとめて掲載いたしました。
そして、最後まで読んでくださった読者のみなさん、どうもありがとうございました。
小さな庭の大きな宇宙を思う存分楽しんでください！

２０２３年10月吉日

曳地トシ・曳地義治

【ま行】
マイクロプラスチック　42, 61, 127
マキ　38, 110
薪　87, 95, 124, 132
薪ストーブ　29, 52, 62, 87, 95
マグネシウム　54
真砂土系舗装　33
マダケ　45
マツ　38, 54, 110
マツタケ　54
松葉　33
松ぼっくり　69, 97
マユミ　23
マリーゴールド　131
マル　28
マルチ　109
マンション　24, 53
水　41, 98 ～ 105
水瓶　101
水場　27, 99, 115
水はけ　34, 56
水鉢　69, 114
ミソハギ　105
ミツバチ　120
ミネラル　77
ミミズ　54, 65, 73
ミモザ　22
無煙炭化器　97
目隠し　36, 42 ～ 48
メジロ　23, 64
メダカ　69, 103
メンテナンス　106
猛禽類　65
モズ　65
モノカルチャー　12
物干し　26, 33, 115
籾殻くん炭　58
モミジ　109
門かぶり　38

【や行】
野外炉　94, 125
焼き土　76
薬草　36
ヤスデ　79
やぶ蚊　45
ヤモリ　70
ユーカリ類　22
有機石灰　63
有機肥料　61
優生思想　15
ユズ　22
ユニバーサルデザイン　20, 112
揚水ポンプ　104
用水路　92
葉面散布　77
ヨシズ　48
予防原則　127
ヨモギ　24

【ら行】
ライトトラップ　67
落葉樹　22, 38, 87, 90, 114
ラムズイヤー　82
リフォーム　15, 29, 34, 41, 110, 116
硫安（硫酸アンモニウム）　55
緑化条例　43
リン　54
リン酸　60
ルーフトップ　24, 116
レイズドベッド　17, 22, 27, 40, 95, 100, 110, 115
レンガ　33, 35, 40, 73, 95, 112, 129
ロケットストーブ　97
ロックガーデン風　41

【わ行】
ワラジムシ　79

トランジション・タウン　132
鳥　20, 23, 64, 114
トリノフンダマシ　68
ドロバチ　66
トンボ　69, 103

【な行】

中庭　51
ナチス政権　15
ナチュラルステップ　30
生ごみ　97, 118
生ごみコンポスト　74, 125
生ごみ堆肥　19, 61
ナミテントウ　71, 129
ナメクジ　69, 74
ネオニコチノイド　127
猫　70
農薬　12 〜 14, 18, 25, 30, 55, 120, 124, 126
野芝　107

【は行】

バーク堆肥　58
バークチップ　33
パーゴラ　47, 51, 115
バードストライク　89
バードフィーダー　64
パーマカルチャー　132
バイオガスプラント　97
バイオトイレ　82
バイオネスト　80
排外主義　15
排水　34, 56, 100
ハエトリグモ　69
バショウ　36
ハチ　11, 66, 71, 103
葉牡丹　64
バラ　36, 112, 131
ハラン　36
日当たり　40, 47, 75, 78, 107, 114
ビオトープ　102, 124
東日本大震災　19, 84, 97, 129
ヒキガエル　74
微生物　20, 55, 76
被覆肥料　127
ヒメスイレン　104
病虫害　12, 40, 61, 72, 120
ヒヨドリ　23, 64
ビワ　24, 38
品種改良　55
ファイヤープレイス　33, 95, 110
ファシズム　15
風除室　29
風力発電　19, 84, 88
フェンス　42 〜 48, 52, 95, 112, 115
フォーカルポイント　51, 99
フキ　82
腐朽菌　79, 110
ブッドレア　66
浮葉植物　103
腐葉土　58 〜 62
プランクトン　130
プランター　116
プルトニウム　129
ヘビ　20
ベランダ　24, 53, 116
ペンギン　14
防蟻剤　70, 97
防災　105
放射性物質　14, 129
放射能汚染　84
防草シート　107
防犯　42, 118
防腐剤　70, 97
ボウフラ　69, 103
ボーキサイト　42
ホース　98
ホルモン剤　62

スパイラル花壇　41, 112, 132
スロープ　112
生態系　12 ～ 14, 79, 115, 118, 130
生態系バランス　71
生態系被害防止外来種リスト　15
生態系ピラミッド　10, 65
セイタカアワダチソウ　24
セセリチョウの仲間　66
セダム　107
石灰　63
狭い庭　50, 114 ～ 116
全体主義　15
剪定　37, 59, 80, 109, 120
雑木林　123, 132
草木灰　63
ゾーニング　32
ソーラークッカー　19, 88
ソーラーパネル　23, 84 ～ 86
備え　19, 52, 56, 97, 101, 118

【た行】

ダイオキシン　30, 74
堆肥　19, 55, 58 ～ 62, 72 ～ 81, 124
タイム　107
太陽温水器　86
太陽光発電　19, 84, 121
タイル　28, 30, 86, 100, 107, 112
竹　36, 43 ～ 46, 66, 132
竹垣　44
竹筒　69
竹筒埋め込み法　57
多年草　17
玉散らし　109
ダリア　68
ダンゴムシ　79
田んぼ　103, 124, 127
単粒構造　56
団粒構造　56
地域　119, 131
地域通貨　113, 121, 132
地域特性　14, 113
地下水汚染　102, 104
地球温暖化　61, 84
蓄熱性　30, 86
竹林　43 ～ 45, 132
地産地消　122
窒素　54, 60 ～ 62
窒素肥料　104
チャドクガ　71
中間領域　26 ～ 30
中水利用　83
中木　37, 109
チョウ　20, 23, 66
チョルノービリ　84, 129
沈殿枡　100
ツゲ　110
土　25, 54 ～ 63, 75
ツチガエル　69
土留め　34, 41
土の園路　34
ツツジ　109
ツリーハウス　124
つるバラ　47
ディープエコロジー　10
庭園灯　84, 110
低木　22, 37, 109
デッキ　26 ～ 28, 46, 114
テラス　28, 107
天敵　71
テントウムシ　71, 129
トイレ　36, 81, 97, 100
トカゲ　65, 69
ドクダミ　23, 109
土壌微生物　54 ～ 60, 130
ドッグラン　24
飛石　33
跳び箱式コンポストボックス　72
土間　29

高麗芝　107
高齢者　15, 20, 58, 111
コケ　35, 67
子ども　23, 28, 47, 58, 64, 70, 110, 117, 118, 125
コバエ　78
コミュニティ・ガーデン　21, 49, 93, 118 ～ 121, 128, 132
コンクリート　32, 86, 91, 105, 107, 112, 129
コンパニオン・アニマル　70
コンポスト　19
コンポスト・ティー　58, 77
コンポストトイレ　81, 125
コンポストボックス　22, 72 ～ 80

【さ行】

菜園　19, 35, 36, 110, 119
災害　36, 52, 82, 96, 100, 104, 132
再生可能エネルギー　84, 89, 104
ササグモ　68
サザンカ　38
サステナブル　19, 46
殺菌剤　13, 55
雑草　18, 34 ～ 36, 48, 63, 107 ～ 109
殺虫剤　13, 55, 126
里トープガーデン　124
里山　123, 132
サバイバル・ガーデン　19
サル　121, 123
サンショウ　66
散水　87
散水栓　98
酸性雨　61
山野草　36
サンルーム　30, 52, 86
シェード　86
シカ　123
自給自足　36
シジュウカラ　23, 64, 71
自然エネルギー　84
自然石　33
芝刈り　18, 108
シバザクラ　12
芝生　46
市民電力　121
市民農園　52
市民バンク　113
砂利　33, 99, 105, 107
住宅街　21, 37
収納　42, 50 ～ 53, 115 ～ 117
宿根草　22, 39
循環　12, 19, 62, 72 ～ 83, 88, 113, 118, 123, 130
浄水器　101
常緑樹　22, 38
食害　63, 71, 106
植栽　18, 32, 36 ～ 41, 57, 100, 106
食物連鎖　14
除草　18, 107
除草剤　13, 55, 70, 127
シラヒゲハエトリ　68
シロアリ　79
シロモンノメイガ　131
シンク　52, 99
新自由主義　113
浸透層　100, 105
浸透枡　57, 100, 102, 105
針葉樹　37, 95, 97
森林　30, 43
水害　98
水質汚染　61
水栓　52, 99
水道　98
水力発電　92
睡蓮鉢　101 ～ 103
スギナ　63
スズメガの仲間　66

【か行】

ガ　66, 120
ガーデンキッチン　52
カーポート　52
カーボンニュートラル　45
貝殻　63, 77
害虫　120, 130
カエル　11, 20, 69
化学肥料　12, 25, 55, 60 ～ 62, 126
化学物質　13, 62, 70, 97, 128, 130
化学物質過敏症　18, 21, 126
柿　22
果樹　36, 120
風通し　28, 40, 47, 71, 87, 92, 115
風除け　42, 91
花壇　17, 22, 39 ～ 41, 110, 119, 129
活着率　37
カニグモの仲間　68
カビ　74, 79, 96
カマキリ　65
カリウム　54, 55, 60
カリバチ　66
カルシウム　63, 77
ガレージ　52
枯山水　105
かんきつ類　66
環境ホルモン　127
観葉植物　78
キイロテントウ　12
キショウブ　105
キノコ　55, 83, 124
キバネアナバチ　67
キビタキ　64
ギボウシ　82
キマダラカメムシ　127
キャンプ　51, 94, 97
牛糞　62
切石　33, 112
切り返し　72 ～ 78, 76
キリギリス　66
緊急対策外来種　15
金魚　103
菌根菌　54
菌糸　55
ギンドロ　82
ギンヨウヒマワリ　82
菌類　83
草刈り　108, 119
草丈　18, 108
草屋根　53
クチナシ　64, 66
クマ　121, 123
クモ　23, 66, 68
クラインガルテン　25, 52
グラウンドカバー　18, 40, 107, 108
グリーンインフラ　105
グリーンゲリラ　49
グリホサート　127
車椅子　35, 40, 112
クローバー　107
黒土　76
経年変化　42 ～ 44
鶏糞　62
ゲジ　79
月桂樹　22
ゲリラガーデニング　49
ゲリラ豪雨　105
嫌気性細菌　74
減災　105
原発事故　84, 129
玄武岩　91
公園　107, 118
コウカアブ　78
好気性細菌　74 ～ 76
光合成　54, 60, 87
抗生物質　62
高木　37, 109
広葉樹　95, 97

索引

【A～Z】
PCB（ポリ塩化ビフェニル）　30
PFAS（有機フッ素化合物）　104

【あ行】
アースオーブン　95, 125
アーボリスト（樹護士）　110
アオオビハエトリ　69
赤玉土　60
アゲハの仲間　66
アシダカグモ　68
アズマヒキガエル　69, 70
アブ　68
油かす　62
アブラムシ　71, 130
アプローチ　32～35
雨水　19, 35, 101, 105, 118
雨水タンク　23, 80, 87, 100～102
雨庭　105
洗い出し　107
アリ　69, 79
アルマンアナバチ　67
アルミフェンス　42
アレルギー　18, 21
アンモニア　55
池　104
生け垣　43, 91, 111
生け垣条例　43
石窯　52, 95
一年草　17, 22
遺伝子組み換え　15, 128
井戸　104
イネ科　108
インセクトホテル　11, 21, 67, 69, 70
インターロッキング　32, 107
浮き草　103
ウジ　74, 78
ウッドチップ　33
ウッドデッキ　18, 26～28, 97, 100, 107, 126
ウッドパネル　116
ウッドフェンス　18, 43～46, 97, 111, 116
液肥　78
エコロジスト　15
枝挿し法　59
エナガ　23, 64
エレガンテシマ　37
塩化カリウム　55
縁側　26～29
園芸療法　15
園路　32～35, 112
オーガニック　10, 18, 21, 23, 25, 31, 34, 39, 72, 106, 113, 120, 126
オーガニック・スプレー　71
オオキンケイギク　14
オオスカシバ　66
オオハンゴウソウ　14
オオミズアオ　71
小川　57, 102, 105
汚染土　129
落ち葉　37, 38, 54, 72, 118
落ち葉コンポスト　72
落ち葉堆肥　19, 72
オトシブミ　20
オナガグモ　68
オニグモ　68
温室　52
オンドル　28

著者紹介

ひきちガーデンサービス

夫婦ふたりで、個人庭を専門に、農薬や化学肥料を使わない庭の管理や、本物の素材を活かし、安全で使いやすい庭、バリアフリーガーデン、自然の恵みを利用した循環型の庭づくりなどを提案している。
2005年、「NPO法人日本オーガニック・ガーデン協会（JOGA）」（joga-garden.jp）を設立。代表理事と理事を務める。庭からの環境保護という考えを広めていくため、オーガニック・スプレー（自然農薬）のつくり方や庭の小さな生態系の大切さを伝えようと、講演会の講師を務めたり、雑誌や新聞などにコラムを執筆したりしている。ふたりの共通の趣味は俳句。同好の士であり、ライバルでもある。
おもな著書に『オーガニック・ガーデンのすすめ』(創森社)、『はじめての手づくりオーガニック・ガーデン』(PHP研究所)、『オーガニック・ガーデン・ブック』『無農薬で庭づくり』『虫といっしょに庭づくり』『雑草と楽しむ庭づくり』『二十四節気で楽しむ庭仕事』『鳥・虫・草木と楽しむオーガニック植木屋の剪定術』（以上、築地書館）がある。
hikichigarden.com

曳地義治
（ひきち・よしはる）

1956年、東京都立川市生まれ。子どものころは暇さえあれば、鉛筆で広告の裏に絵を描いていた。昔からデザイン関係の仕事に関心をもっていたが、木工業、ログビルダーなどを経て、植木職人およびガーデンデザイナーとなる。

曳地トシ
（ひきち・とし）

1958年、神奈川県真鶴町生まれ。植木屋のおかみ業にあきたらず、「高いところ・泥汚れ・虫」が三大苦だったにもかかわらず、無謀にも現場に出て現在にいたる。ますます庭仕事のほんとうの愉しさにはまっている。俳人協会会員。

撮影：松村隆史

オーガニック植木屋の庭づくり

暮らしが広がるガーデンデザイン

2023年11月8日　初版発行

［著者］ひきちガーデンサービス（曳地トシ＋曳地義治）

［発行者］土井二郎

［発行所］築地書館株式会社
〒104-0045 東京都中央区築地7-4-4-201
TEL 03-3542-3731　FAX 03-3541-5799
http://www.tsukiji-shokan.co.jp/
振替00110-5-19057

［印刷・製本］シナノ印刷株式会社

［イラスト］長谷川貴子

［装丁・本文デザイン］田中明美

雑草と楽しむ庭づくり
オーガニック・ガーデン・ハンドブック

ひきちガーデンサービス（曳地トシ＋曳地義治）［著］
2,200 円＋税

個人庭専門の植木屋さんが教える、雑草を生やさない方法、庭での生かし方、草取りの方法、便利な道具……。オーガニック・ガーデナーのための雑草マメ知識も満載。雑草を知れば知るほど庭が楽しくなる。

鳥・虫・草木と楽しむ
オーガニック植木屋の剪定術

ひきちガーデンサービス（曳地トシ＋曳地義治）［著］
2,400 円＋税

無農薬・無化学肥料・除草剤なし！　生き物のにぎわいのある庭をつくる、オーガニック植木屋ならではの、これまでになかった、庭木との新しいつきあい方教えます！

二十四節気で楽しむ庭仕事

ひきちガーデンサービス（曳地トシ＋曳地義治）［著］
1,800 円＋税

季語を通して見ると、庭仕事の楽しみ百万倍。めぐる季節のなかで刻々と変化する身近な自然を、オーガニック植木屋ならではの眼差しで描く。庭先の小さないのちが紡ぎだす世界へと読者を誘う。

はじめてのバラこそ無農薬
ひと鉢からの米ぬかオーガニック

小竹幸子［著］
1,800 円＋税

苗の選び方、植える場所、植え方、土づくり、水やり、肥料のやり方……。初心者から経験者まで、オーガニック・ローズ栽培の疑問・質問にお答えします。無農薬栽培に向くバラ 35 品種を紹介。

庭仕事の真髄
老い・病・トラウマ・孤独を癒す庭

スー・スチュアート・スミス［著］　和田佐規子［訳］
3,200 円＋税

なぜ土に触れると癒されるのか。世界的ガーデンデザイナーを夫にもつ精神科医が、庭づくりを始めて自然と庭と人間の精神のつながりに気づく。庭仕事で自分を取り戻した人々を描いた全英ベストセラー。